나의 영혼을 움직인 영감의 성서구절

해석과 묵상의 신앙시 100편

-제2권-

그림 1) Rembrandt 〈그리스도 승천〉, 1636, 유화, 92.7x68.3cm,
Alte Pinakotek München, 본문 18쪽

그림 2) Tintoretto 〈돌에 맞아 죽는 성스데반〉, 1594, 제단화 유화, 32.5x44.8cm, 이탈리아 베니스 Magiore 교회, 본문 28쪽

그림 3) Cortona 〈사울의 눈을 뜨게하는 아나니아〉, 1631. 유화,
로마 Santa Maria 교회, 본문 35쪽

그림 4) Memling 〈최후의 심판〉, 1466-1473, 세폭제단화, 223.5x306cm,
Gdansk 국립박물관, 본문 180쪽

그림 5) Raffael 〈사탄을 격파하는 성미가엘〉, 1518, 유화, 268x160cm,
Paris Louvre 박물관, 본문 184쪽

목 차

감사의 글

이책은 마지막 헌신의 봉사로 구상된 '성서이해의 길' 시리즈의 마지막 책이다. 2014년 첫삽을 뜬 연작집의 진행은 10여년의 세월이 흐른 지금 10권의 출간을 기념한다. 이제 완간된 10권의 해석서가 성서의 말씀을 보다 잘 이해하고 그리스도를 향한 신앙을 굳건하게 하는데 기여하기를 바라는 마음 뿐이다. 그동안 어려운 여건 아래에서 책의 출판을 위해 여러모로 힘써주신 드림북 출판사의 민상기 사장님과 편집진 모두에게 감사를 드린다.

성서구절의 선정과 읽기에 관하여

100개의 성서구절은 특별한 기준이 없이 임의로 선정된다. 다만 몇 가지 작은 원칙이 존재한다. 첫째 신약성서를 중심대상으로 삼는다. 구약성서는 시의 서술에 필요한 경우 인용된다. 둘째 신약성서의 순서에 의거한다. 즉 공관복음에서 시작하여 사도행전, 바울서간, 요한계시록으로 이어진다. 네 편의 복음서에는 출생사, 복음전파, 고난사, 부활사, 부활자의 현현이 단계적으로 다루어진다. 사도행전은 예루살렘 원시교구, 유대와 사마리아 복음전도, 이방세계 복음화의 순서로 전개된다. 바울서간과 요한계시록에는 저자에 의해 중요하다고 생각되는 구절이 간추려진다.

물론 이책에 다루어지지 않은 성서구절 가운데에도 중요하거나 자주 인용되는 대상이 얼마든지 있다. 그러나 100개의 사례는 신약성서의 내용을 대언하기에 결코 부족하지 않다. 중요한 것은 시의 분량이 아니라 서술된 내용이다. 한 구절의 총체적 설명이 성서전체를 포괄하는 예는 주석사의 진행에서 얼마든지 발견된다. 100편의 신앙시는 신약성서 전체의 조망이라 할 수 있다. 독자는 주어진 시를 읽으면서 자신의 착상이나 영감을 가미할 수 있다. 성서의 말씀은 거듭하여 읽을수록 의미와 메시지가 풍성해지고 깊어진다. 이것이 신비로운 성서독서의 매력이다.

선정된 성서구절은 4행시 형식을 통해 자유롭게 서술된다. 그것은 저자자신에 의한 해석과 묵상이다. 두 요소는 신앙시를 구성하는 중심축이다. 성서원문에 충실한 본문해석은 사색과 묵상으로 넘어간다. 텍스트해석에는 살아있는 '오늘날의 의미'가 중요한 자리를 차지한다. 성서구절을 다룬 미술과 음악작품은 이 과제를 해결하는데 큰 도움을 준다. 영감이 풍성한 창조적 작가들은 자신의 시대지평에서 성서를 바라보고 읽는다. 여기에서 얻어진 결과는 우리시대의 성서해석에 큰 도움을 준다. 100편의 신앙시는 낙원의 축복에서 시작하여 천상의 예루살렘 체험과 재림의 축원으로 종결된다. 그 사이에 다양한 성격의 성서구절을 다룬 시들이 놓여진다. 하나님나라의 기대와 확신은 크고 작은 주제를 다룬 신앙시 읽기를 인도하는 지침이며 목표이다.

서시

고백의 신앙시를 하나님께 드리며

성서의 말씀을 읽고 해석하며 바쳐온
지난 10여년의 짧지 않은 세월
그것은 평안과 행복의 시간이었다.
하나님과 동행하는 기쁨과 소망의 길이었다.

이제 새로이 밝아온 해 2025년을 맞으며
열 번째 책 〈신앙시 100편〉을 내어놓는다.
그동안 나의 인상에 남은 성서구절 100편을
골라 다시 해석하고 묵상하며 쓴 영감의 산물이다.

그것은 그동안 말씀의 숲을 걸어온 나의 진솔한 신앙고백이다.
어느덧 80세 나이를 넘어선 노인의 삶의 결산이다.
땅속의 보화처럼 간직하고 싶은 신앙시를 하나님께 드리고 싶다.
힘들 때마다 위로해주고 격려해주신 최고의 후원자이다.

하나님의 말씀은 인간의 내면을 변화시키는 영적 능력을 갖는다.
우리는 신성한 말씀에 의지하여 참다운 신앙의 삶을 살아갈 수 있다.
우리의 시선이 주님을 향할 때에는 어려움을 극복하는 길이 열린다.
그러나 우리 관심이 세상으로 돌아오면 다시금 난관에 부딪친다.

나라 안팎으로 너무나 힘든 고난의 시기에
우리의 생각과 마음은 하나님말씀으로 돌아가야 한다.
그곳에 우리를 위로하는 소망의 메시지가 있다.
앞날의 삶을 이끌어갈 주님의 격려가 들어있다.

제2부

"오직 성령이 너희에게 임하시면 너희가 권능을 받고 예루살렘과 온 유대와 사마리아와 땅끝까지 이르러 내 증인이 되리라."

(행 1.8)

사도행전은 사도들의 선교사역을 기록한 역사서이다.
역사서의 기술을 위한 출발점은 서두에 명시된 안내의 지침이다.
예수님의 부활과 승천 이후 시작된 사도들의 선교활동은
예수님이 지시한 기본강령에 의거하여 수행된다.

"오직 성령이 너희에게 임하시면
너희가 권능을 받고 예루살렘과
온 유대와 사마리아와 땅끝까지
이르러 내 증인이 되리라." (행 1.8)

위의 문안은 예수님이 승천하기 직전에
제자들에게 부여한 마지막 명령이다.
그리스도 승천은 문서를 열어주는 첫단락의 중심내용이다.
열다섯 절의 단락은 부활자의 하나님나라 증언과

세계선교 명령에 이어 예수님의 승천과 재림을 서술한다.
1장 9-11절의 세 절은 영광의 승천과 승천의
모습 그대로 '다시 올' 예수님의 재림을 약속한다.
세 절의 첫절에는 '구름이 그를 받아들였다'고 기록되어 있다.

이제 사도들은 주님의 유언에 의거하여 하나님의 일을 증거한다.
'증인이 되는' 것은 사도행전의 핵심진술이다.
위에 인용한 복합문장의 전반은 복음서에 제시된
최후의 선교명령을 이어받고 있다.

마태복음의 마지막 두 절에서 부활의 예수님은
제자들을 향해 앞으로의 사명을 강하게 지시한다.
"너희는 가서 모든 민족을 제자로 삼아 아버지와 아들과
성령의 이름으로 세례를 베풀고 내가 너희에게 가르쳐

분부한 모든 것을 지키게 하라." (마 28.19-20)
모든 민족을 대상으로 삼는 선교사역은
전세계를 포괄하는 전도활동으로 이어진다.
여기에는 기독교세례의 권능이 동반된다.

마지막 절의 종반에는 "내가 세상의 끝날까지 너희와
항상 함께 있으리라"는 공존의 은혜가 주어진다. (마 28.20)
'하나님이 함께한다'는 임마누엘 영광은
'세상 끝날까지' 제자들과 동행한다는 사실을 지시한다.

예수님이 제시한 기본강령에는 두 가지 사실이 중요하다.
첫째 제자들에게 권능을 부여하는 '성령의 임함'이다.
강력한 성령의 작용은 하나님의 권능이 구현되는 동인이다.

여기에서 '증인'으로 활동할 수 있는 능력이 발생한다.

둘째는 지리적 부사구 '땅끝까지'의 의미이다.

강조의 어법은 문자상으로 전세계를 향한 선교목표를 나타낸다.

그러나 비유의미로는 증인의 활동이 갖는 지속성을 지시한다.

사도들의 선교사역은 머나먼 이방세계를 향해 중단없이 추진된다.

사도행전 1장 8절은 사도의 역사기술을 포괄하는

거대한 원을 예시한다. 다음 단락에서 출발한

왕성한 사도의 증인활동은 초기의 예루살렘 전도와

세 차례에 걸친 사도 바울의 과감한 세계선교 여행을 거쳐

거대한 세계제국의 수도 로마에까지 이른다.

그러나 로마의 하나님나라 전파는 끝이 아니다.

부활한 예수님에 의해 위임된 세계선교 노정은

서바나 전도에 이르러서야 완성에 도달한다. (롬 15.23)

사도행전 1장의 중요한 주제인 그리스도 승천(Ascensio Domini)은

누가복음의 종결장면에 축약형식으로 제시된다. (눅 25.51)

"축복하실 때에 그들을 떠나 [하늘로 올려지시니]."

위의 문장에서 [ ] 부호속에 표기된 구문은 승천의 서술이다.

그리스도 승천은 그리스도의 부활과 함께

가장 사랑받는 기독교미술의 레파토리이다.

Mantegna의 템페라 〈그리스도 승천〉(1461)은 부활의 예수님이

주위를 둘러싼 천사들에 의해 하늘로 올라가는 장면을 연출한다.

승천자의 왼손에 십자가 막대가 들려있고 오른손

손가락으로 승리의 제스처를 취하는 것은 부활도상의 유형이다.

다만 승천자의 시선은 하늘이 아니라 아래를 향하고 있다.

화면 하단에는 크게 놀라 하늘을 쳐다보는 제자들의 광경이 제시된다.

Rembrandt의 유화 〈그리스도 승천〉(1636)에는

풍성한 흰옷을 걸친 예수님이 구름 위에 두 발을 딛고 두 손을

활짝 펼친 채 위를 쳐다보며 하늘을 향해 올라간다. (그림 1)

황금빛 타원형공간 안에 흰색 비둘기가 두 날개를 펼치고 내려온다.

그곳으로부터 폭넓은 밝은 광채가 아래로 쏟아진다.

이로 인해 승천자의 전신이 환하게 빛을 발한다.

보이지 않는 천상의 주인 하나님 현현의 표징이다.

여섯 명의 아기천사가 아래에서 흰색 구름무늬를 떠받치고 있다.

승천자 좌우에는 또다른 아기천사들이 하늘을 떠다니며 수호한다.

화면의 하단에 제자들이 크게 놀라 신비의 승천광경을 쳐다본다.

밝게 빛나는 천상영역과 어둠에 의해 지배된 지상세계는 절묘한

대조를 형성한다. 그림자와 빛의 거장이 구사한 색채구성 기법이다.

두 요소를 섬세한 기교성으로 처리하는 그의 비범한
능력은 서양회화사의 발전에 지워지지 않는 인상을 남긴다.
관찰자는 그의 작품에서 빛과 그림자의 양면을 절묘한
대조로 표현하는 고도의 기술을 접하게 된다.

**"너희가 십자가에 못박은 이 예수를 하나님이 주와 그리스도가 되게
하셨느니라."**

(행 2.36)

사도행전 2장 중반을 형성하는 베드로 연설은
놀라운 오순절 기적의 발생으로 촉발된다. (행 2.14-36).
서로 다른 언어를 사용하는 여러 지역 신도가
하나로 소통한 것은 성령이 역사한 명료한 표적이다.

"불처럼 갈라진 혀"는 구원을 가져오는 말씀의 능력을 지시한다(2.3).
역사적 성령강림 사건으로 바벨탑 언어혼잡으로 인한
장구한 세월의 소통단절은 종식된다.
이것은 제2의 언약시대를 알리는 신호탄이다.

베드로의 오순절 설교는 원래의 사도 증언에 대한 범례이다.
복음전통의 골격을 형성하는 케리그마는 말씀선포의 모형이다.
선포, 선언을 뜻하는 그리스어 명사 'kerygma'의 음역

케리그마는 예수 그리스도의 구원사 복음을 강조한다.

그것은 초기기독교의 예수님 가르침의 중심이다.
누가복음 4장에 제시된 나사렛에서의 예수님 최초설교는
베드로의 설교에 선행하는 케리그마의 원천이다. (눅 4.18-19)
여기에는 이사야 예언이 메시아 사명의 적절한 근거로 인용된다.

열정으로 가득 찬 베드로 설교는 예언서
요엘 2장 28-32절의 인용으로 시작된다.
각기의 방언으로 말하며 서로 소통한 사람들은
'새술에 취한' 것이 아니라 성령의 힘에 의해 움직인 것이다.

여호와 하나님은 '육체에 영을 부어주어' 계시를 보게한다.
"말세에 내가 내영을 모든 육체에게
부어주리니 너희의 자녀들은 예언할 것이요
너희의 젊은이들은 환상을 보고

너희의 늙은이들은 꿈을 꾸리라." (행 2.17)
네 행의 예언에 제시된 내용은 당시의 상황과 거리가 있다.
그럼에도 불구하고 설교자는 요엘의 예언을 그대로 인용한다.
이것은 첫행에 강조된 '성령의 부어줌'이 주는 영향력 때문이다.

이어지는 세행은 이에 따른 종말의 변화를 서술한다.

지혜의 선지자 요엘이 종말적 구원의 차원에서
예언한 성령의 '부음'은 부활이후의 첫오순절에
놀라운 성령강림 기적으로 실현된다.

오순절 성령강림은 요엘이 선언한 예언의 구현이다.
다섯 절의 인용문을 종결짓는 천상의 변화는
성금요일에 일어난 총체적 어둠과 초자연 현상을 상기시킨다.
"해가 변하여 어두워지고 달이 변하여 피가 되리라." (2.20)

유사한 시행이 요한계시록 여섯째 봉인의 개방에 발견된다. (계 6.12)
"해가 검은 털로 짠 상복같이 검어지고 달은 온통 피같이 되며."
해가 검은 털 자루처럼 어두워지는 것은 시간의 소멸에 대한
징조, 달이 피빛으로 변하는 것은 '두려운 날'의 징표이다.

이어지는 열다섯절의 설교는(2.22-36) 이스라엘 사람들이
십자가에 못박아 죽인 나사렛 예수의 증언으로 시작된다.
그러나 하나님이 그를 죽음의 재앙에서 해방하여 소생시킨다. (2.24)
비교적 긴 설교는 이스라엘민족 전체를 향한 인식의 촉구로 종식된다.

"너희가 십자가에 못박은 이 예수를 하나님이
주와 그리스도가 되게 하셨느니라." (2.36)
위의 문장에는 유대인이 십자가에 못박은
예수님이 바로 '주님과 그리스도' 라는 사실이 강조된다.

구약에서 하나님 자신을 가리키는 주님은
이제 부활의 예수님으로 이전된다.
그리스도의 승리와 고양은 메시아 권능에 관한 확증이다.
엄청난 내용의 설교를 듣고 커다란

충격에 빠진 청중은 '마음에 찔려' 서로 묻는다.
"우리가 어찌할꼬." 매우 긴박한 상태에서 우러나온
물음에 대한 답변은 명백하게 주어진다. (2.38)
"너희가 회개하여 각각 예수 그리스도의 이름으로

세례를 받고 죄사함을 받으라.
그리하면 성령의 선물을 받으리니."
참회가 포함된 기독교세례는 예수님의 이름아래
집행되어야 하며 '성령의 선물이' 동반된다.

죄사함과 회개의 세례에 의한 성령의 수혜는
사도의 선교활동을 추진하기 위한 기본요건이다.
베드로 발언의 마지막에는 세례를 받고 구원에 이른
신도의 수가 무려 '삼천이나 더하더라'고 보고된다. (2.41)

베드로의 감동적 설교는 '부름받은 자의 모임'인
공동체교회를 세우는 직접적 동인으로 작용한다.
이어지는 단락은 이에 관한 구체적 안내이다. (2.43-47)

사도행전 2장의 마지막 부분을 구성하는 열절의 단락은

최초의 교회가 생성되는 교회사의 씨앗에 관한 귀중한 자료이다.
특히 종반부의 세 절에는 믿음을 가진 사람들의
행위와 관습이 병행형식으로 상세하게 기술된다. (2.44-46)
마지막 절에는 '기쁨과 순수한 마음으로 식사를 나누었다'고 지적된다.

교회와 집안에서 한마음으로 나누는 공동식사는
예수님의 사랑을 체험한 초대교회 신도들의 중요한 행사이다.
세 절에 서술된 내용을 정리하면 기사와 표적의 발생, 성도의
소유물 공유, 재산의 분배, 성전의 모임, 음식의 나눔이다.

여기에 열거된 다섯 가지 요소 가운데 세가지는
후세에 생성된 사회주의 이념과의 연관을 보여준다.
그러나 재산과 소유물을 서로 나누는 초대교회 교인의 행위는
그 어떠한 제도적 장치가 아니라 순수한 인간애의 결과이다.

다섯절 단락의 마지막에는 하나님 찬미와
온백성의 칭송과 함께 매우 중요한 사실이 지적된다.
"주께서 구원받는 사람을 날마다 더하게 하시니라." (2.47)
객관적으로 진술된 문장이 지시하는 내용은

다음과 같이 정리된다. '구원의 영속적 과정과

믿음의 성장이 아니라 한사람씩 차례대로
주어진 구원을 받아들여 성도의 교구에 편입되는
인원의 수가 계속해서 점차 증가한다.'

"보라 하늘이 열리고 인자가 하나님 우편에 서신 것을 보노라."

(행 7.56)

스데반의 설교와 죽음은 초기 선교사역의 중대한 사건이다.
저자는 유대 헬라인 스데반의 신앙과 순교를
기술하기 위해 문서의 6장 후반과 7장 전체를 할애한다.
특히 스데반의 숭고한 죽음을 증거하는

마지막 부분은 전체의 정상이다. (행 7.54-60)
일곱절의 단락은 성령에 가득 찬 스데반에게 시현된
천상의 계시와 처형의 과정을 실감나게 연출한다.
이어지는 단락에는 예루살렘 교구의 핍박이 다루어진다.

스데반 설교는 여러 집단으로 구성된 '자유민'과의 논쟁이 도화선이다.
그들은 '지혜와 성령'으로 말하는 변론자를 당할 수 없어
억지로 죄를 뒤집어씌워 '거짓 증인'으로 내세운다.
저자는 산헤드린 대제사장 앞에 서있는 그의 얼굴이

"천사의 얼굴과 같더라"고 표현하고 있다. (행 6.15)
'얼굴의 간증'이라는 말이 여기에 유래한다.
스데반의 방대한 연설은 자신의 무죄를 위한
변호가 아니라 불의의 재판장에 대한 고발이다.

하나님의 부르심을 거역한 이스라엘 조상의 패역과
예수님을 십자가에 처형한 예루살렘 유대인에 대한 강한 질책이다.
전체의 내용은 주로 구약의 해설에 의거한 심판의 경고이다.
무려 52절에 걸친 기다란 설교는 마지막 세 절에서 목표에 이른다.

여기에는 '성령을 거스린' 조상과 같은 몽매한 자의 만행,
약속된 '유일의 의인'을 살해한 종교지도자와 유대군중.
천사의 지시로 받아들여진 율법을 위반한 범죄자의 악행이
신랄한 어투로 가차없이 고발된다. (7.51-53)

이어지는 절에는 설교를 들은 청중의 반응이
'마음에 찔려 이를 갈았다'고 지적된다. (7.54)
'마음에 찔린' 것은 들은 내용을 이해한 증거이다.
그럼에도 불구하고 그들은 설교자를 향해 이를 갈며 분노한다.

예언의 성격을 지닌 설교는 청중의 홍분으로 두번이나 중단된다.
스데반은 연설을 완전히 끝맺기도 전에
건물밖으로 쫓겨나 돌에 맞아 죽는다.

돌로 쳐서 죽이는 것은 신성모독죄에 해당한다. (레 24.16)

그러나 스데반에게 가해진 최악의 형벌은 전혀 타당성이 없다.
그의 연설은 하나님의 진리를 천명하였기 때문이다.
산헤드린 공회의 살인행위는 하나님의 아들에게 신성모독죄를
뒤집어씌워 십자가사형으로 몰아넣은 경우와 결코 다르지 않다.

스데반의 처형에는 기독교인을 핍박한 사울의 배후조종이 관여한다.
증인들이 '옷을 벗어 청년 사울의 발아래
놓은' 것은 이와 같은 사실을 뒷받침한다. (7.58).
유대의회 회원인 사울은 스데반의 죽음을 당연하게 여긴다. (8.1)

설교자의 비참한 죽음을 앞당긴 것은 설교의
마지막을 장식한 계시환상의 고귀한 증언이다. (7.56)
"보라 하늘이 열리고 인자가 하나님 우편에 서신 것을 보노라."
명령동사 '보라'로 시작된 발언에는 두가지 특이한 내용이 들어있다.

하나는 예수님을 인자로 부른 것이고 다른 하나는
인자가 하나님 '우편에 서있다'는 사실이다.
자동사 '서있다'는 예수님이 천상의 심판에서
스데반 대언자의 역할을 담당한다는 의미이다.

스데반의 환상은 예수님이 스스로 선언한 약속의 실현이다.

"누구든지 사람앞에서 나를 시인하면 인자도
하나님의 사자들 앞에서 그를 시인할 것이요." (눅 12.8)
위의 문장에서 반복동사 '시인하다'는 확실하게 인정하다를 뜻한다.

여기에 제시된 '인자의 시인'이 스데반 환상에서 이루어진다.
두가지 사실의 지적은 돌에 맞아 죽는자의 환상이
매우 구체적이고 설득력이 있음을 말한다. 다시말해
천상의 계시가 처형당한 스데반에게 정말로 일어났음을 지시한다.

스데반은 돌에 맞아 숨을 거두면서 두가지 말을 남긴다.
첫째 기원 "주 예수여 내 영혼을 받으시옵소서"는 (7.59)
예언자 스가랴의 기도를 상기시킨다. (역하 24.22)
"여호와는 감찰하시고 신원하여 주옵소서."

두번째 청원 "주여 이 죄를 그들에게 돌리지 마옵소서"는 (7.60)
독자에게 마치 십자가에 못박힌 예수님의 말씀을
다시 듣는 것 같은 착각을 일으킨다. (눅 23.34)
초기선교 시기의 최초 순교자가 보여준 위대한 모습이다.

스데반의 순교는 후세의 기독교인에게 감동과 은혜를 선사한다.
그들은 예수님처럼 죽음을 맞이한 그의 행동을 추모한다.
'성스데반의 날' 혹은 성스데반 축일은 서기 36년 사망한
스데반의 행적을 기리는 기독교축제로 12월 26일 거행된다.

최초의 기독교 순교자를 추모하는 기념일은
신성한 예식의 색깔인 붉은색 정감으로 대언된다.
후세에 생성된 성스데반 도상을 보면 연적색 순교복을
착용한 고귀한 얼굴의 젊은 주인공이 소개된다.

베니스 화파의 이탈리아 르네상스 화가
Tintoretto의 〈돌에 맞아 죽는 성스데반〉은(1594)
스데반의 극적 최후장면을 묘사한 제단화 유화이다. (그림 2)
상대적으로 작은 규모의 화면은 세 부분으로 구성된다.

전체적으로 짙은 어둠에 의해 지배된 화면의 하단에
무릎을 꿇고 하늘을 올려다보는 스데반의 마지막 모습이 연출된다.
그의 머리를 둘러싼 빛나는 원형후광으로 부터
수많은 가느다란 광선줄기가 사방으로 방사된다.

그리스도 복음을 증언한 순교자에게 주어진 신적 현현의 징표이다.
그의 왼쪽 팔안에 기다란 종려나무 가지가 들려있고
오른쪽 발 아래에 무거운 돌멩이에 눌린 성경책이 펼쳐져있다.
스데반의 좌측 상단에 서있는 한 건장한 남자가 두손으로

들어올린 거대한 바위돌을 아래로 집어던지려 하고있다.
스데반의 우측에 있는 남자는 허리를 굽혀
바닥에 흩어진 돌멩이를 줍고있다.

두 개의 돌멩이는 이미 스데반의 얼굴 오른쪽에 떨어져있다.

그러나 경건의 자세로 두손을 모은 순교자는 태연한 표정으로
연청색 구름무늬 위에 시현된 놀라운 하늘의 장면을 쳐다본다.
그의 얼굴은 신비로운 하늘의 계시환상을 두눈으로
체험한 벅찬 에스타시의 감격으로 가득차 있다.

지상과 천상 사이의 기다란 경계를 형성한
중간지대에 수많은 증인의 무리가 운집해있다.
양쪽 좌우 변두리에 유대의 청중 이외에
말을 타고있는 군인들도 보인다.

어두운 수평공간의 중앙에 증인의 옷이
무릎위에 놓여있는 흰머리의 남자가 보인다,
그는 무자비한 살해행위에 관여한 기독교인 핍박의 수장 사울이다.
수많은 아기천사들이 연청색 구름방석 위에 부유하며

하나님과 예수님을 아래에서 떠받치고 있다.
황금빛으로 빛나는 반원형 공간을 배경으로
두손을 활짝 들어올린 하나님이 서있다.
그의 좌편에 수호천사가 기다란 흑색 막대를 들고 호위한다.

하나님 우편에 풍성한 짙은 청색 겉옷을 걸친

부활의 예수님이 시선을 고정한 채 용감하게
자신을 증거한 스데반의 얼굴을 내려다본다.
두 사람의 얼굴은 사선의 형태로 서로 만난다.

"주의 영이 빌립을 이끌어 간지라."

(행 8.39)

스데반의 순교는 예루살렘 선교의 정점이다.
비참한 역사적 사건이 발생한 이후
예루살렘 교회 신도들은 팔레스티나 전지역으로
흩어져 가는곳 마다 하나님의 복음을 전파한다.

스데반과 함께 선발된 제2의 집사 빌립은
유대에 인접한 사마리아로 건너가 '절반의 이방인'으로 불리는
주민에게 활발한 전도활동을 벌인다. (행 8.1-25)
베드로와 요한은 사마리아로 들어가 안수하고 세례를 베푼다. (8.17)

이어지는 단락은 빌립이 에디오피아 내시를 전도한 사건이다.
독립된 에피소드는 서사이야기의 전형을 보여준다. (8.26-40)
여기에는 당시의 에디오피아 왕가의 실상이 반영되어 있다.
내시는 여성통치자의 궁정에서 근무하는 고급관리이다.

멀리 떨어진 이방국 재무상은 예루살렘을 방문한 덕분에
새로운 종교세계에 귀의하는 귀중한 기회를 얻는다.
열다섯 절에 달하는 기다란 단락에 사용된 문체는
구약에 나오는 엘리야와 엘리사 이야기를 상기시킨다.

그것은 새로운 기적을 가져오는 예언적 언어의 힘이다.
빌립이 하나님의 계시에 의해 움직인 사실은
이야기의 첫머리에 의미있게 지적된다. (8.26)
주님의 사자는 빌립이 가야할 길을 정확하게 계시한다.

사마리아 전도가 성공을 거둔 이후 빌립은
하나님사자의 지시에 따라 가자로 보내진다.
기원전 57년에 새로이 건설된 가자는 기원전 93년 파괴된
옛 가자에서 남쪽으로 조금 떨어진 해안에 면해있다.

남쪽의 '광야'를 향해 내려가던 중에 빌립은
에디오피아 여왕의 국고를 담당한 내시와 만난다.
예루살렘 순례객인 그는 자신의 마차를 타고 고국으로
귀환하던 길이다. 그가 위대한 예언자 이사야의

글을 읽은 사실은 빌립에게 예수님을 증거할 호기를 제공한다.
내시는 예루살렘에서 구약의 두루마리를 구입한 것으로 보인다.
빌립으로 부터 예수님의 구원을 확인한 내시는 길을 가다

물이 있는 곳에 머물러 세례받기를 청한다.

이것은 요단강 강가에서 예수님에게 베풀어진 세례예식과 유사하다.
빌립은 수레를 멈추게 하고 물가로 내려가 내시에게 세례를 베푼다.
두사람이 물에서 올라올 때 빌립은 성령의 힘에 의해 인도된다.
"주의 영이 빌립을 이끌어 간지라." (행 8.39)

과거시칭 문장은 주님의 영이 빌립의 내면을 움직인 사실을 지시한다.
이어지는 문장 "내시는 기쁘게 길을 가므로"는 이 사실을 뒷받침한다.
이제 빌립은 아소도에서 복음을 전하고 가이샤라에 이른다.
그는 이곳에 머물며 가족공동체를 세운 것으로 추정된다.

빌립이 사마리아 전도에 이어 수행한 에디오피아 내시의 세례는
우연히 발생한 역사적 사건이 아니라 하나님계시의 구현이다.
그것은 인종과 국가를 초월하는 복음사역의 진로를 예시한다.
사도행전 후반의 중심은 전세계를 향한 우주적 선교사역이다.

"사울아 사울아 어찌하여 나를 박해하느냐."

(행 9.4)

사도행전 13장 이후로는 세계선교의 시대가 막을 연다.
이 거대한 프로그람을 위한 전기를 마련한 사건이 사울의

극적 회심과 이에 따른 복음전파 소명의 이행이다. (행 9.1-22)
사울의 회개사건은 바울자신의 증언으로 그후 두차례나 반복된다.

사울이 부활한 예수님을 만난 사건은 축약형식으로 기술된다.
사울은 대제사장 공문을 지참하고 기독교인을 체포하기 위해
다마스커스로 가던 중에 도시교외에서 천상의 계시를 받는다.
갑자기 하늘에서 강력한 빛이 내려와 그를 둘러싼다.

"홀연히 하늘로 부터 빛이 그를 둘러 비추는지라." (9.3)
갑자기 하늘에서 내려오는 강렬한 빛이 사울을 둘러싼다.
26장 12절에는 '해보다 더 밝은 빛'이라고 표현된다.
찬란한 태양의 광채는 장엄한 신적 현현의 현상이다.

사울이 땅에 엎드리자 부활의 예수님 음성이 울려온다.
"사울아 사울아 어찌하여 나를 박해하느냐." (9.4)
상대방 이름을 두번이나 호명한 도전적 물음은
듣는자의 마음을 깊은 곳에서 움직인다.

26장 14절에 의하면 천상의 음성은
계시의 수혜자에게 히브리어로(아람어) 들려온다.
깜짝 놀란 사울은 "주여 누구시오니이까"라고 묻는다.
그러자 "네가 박해하는 예수라" 라는 응답이 주어진다. (9.5)

사울을 향한 부활자 예수님의 말씀에는
극심한 '박해'의 사실이 거듭하여 지적된다.
사울은 기독교인을 핍박한 유대종교 지도자의 선봉장이다.
그는 스데반의 살해에도 동참한 적극적 성향의 인물이다.

사울의 회심사건은 전형적 회개환상에 속한다.
이와 같은 장르형식은 유대초기 문서에 선호된다.
적지않은 유명한 개종의 인물이 하나님의 자기계시의
영향으로 새로운 삶과 신앙의 길로 들어선다.

격정의 소명사건은 빛과 소리로 중재된다.
두 요소는 시각과 청각작용에 관계된 지각매체이다.
사울의 회개환상은 전통적 계시형상의 실현이다.
같이 가던 일행은 소리만 듣고 아무것도 보지 못한다.

신비로운 빛의 계시는 사울에게만 나타난다,
사울이 일어나 눈을 떴으나 아무것도 보이지 않는다.
그의 '눈멈'은 회개의 결단에 대한 초자연의 징표이다.
그것은 새로운 영적 개안을 위한 예비단계이다.

앞이 보이지않는 사울은 사람들의 손에
이끌려 다마스커스 시내로 들어간다. 이곳에서
사흘동안 보지도 못하고 음식도 먹지 못한다.

그때에 선지자 아나니아가 출현한다.

그는 기독교인을 핍박한 사울의 신분에 관해 의구심을 갖는다.
그러자 주님이 사울은 '나의 선택한 그릇' 이라고 천명한다. (9.15)
바울이 하나님의 충실한 종이라는 사실에 관한 명료한 증거이다.
하나님의 계시를 받은 아나니아는 시내의 '곧은 거리'로('직가')

바울을 찾아가 안수하며 성령을 충만하게 한다는
예수님의 말씀을 그대로 전한다. 그러자
사울의 눈에서 '비늘같은 것이 벗겨져' 다시
보게되고 일어나 세례를 받고 건강을 되찾는다. (9.18)

이탈리아 바로크 화가 Cortona의 유화 〈사울의 눈을 뜨게하는
아나니아〉는(1631) 바로 이 장면을 화폭에 담는다.
강한 채색의 화면에는 진한 황금색 겉옷을 두른 선지자 아나니아가
앞을 보지 못하는 청년 사울의 머리에 손을 얹어 안수한다. (그림 3)

무성한 턱수염을 가진 남자가 오른손으로 사울을 부축하고 있다.
두손을 앞으로 내민 사울의 표정은 엑스타시 상태를 보여준다.
이제 곧 닫혔던 눈이 열려 잃었던 시력을 회복할 것이다.
그앞에 앉아있는 곱슬머리 소년이 그릇이 놓여있는 쟁반을 들고 있다.

오른쪽 발 아래에는 보다 큰 금속용기가 보인다.

화면 상단에 조성된 밝은 타원형 황금빛 공간에 성령의 비둘기가
떠있다. 그곳으로 부터 다수의 광선이 두터운 구름무늬를
뚫고 아래로 내려온다. 본문에 지적된 성령충만의 시각적 징표이다.

9장 10절에서 '제자'로 명명된 유대기독교인 아나니아는
22장 12절에서 바울에 의해 '율법에 따른 경건한 사람',
'유대인의 칭찬을 받는' 사람으로 소개된다. 그는 열두사도 처럼
성령을 중재하며 성령을 부여하는 은사를 지닌 예언자이다.

며칠동안 다마스커스에 머물던 사울은 즉시 다마스커스
회당에서 "예수님이 하나님의 아들임을" 증언하기 시작한다. (9.20)
여기에서 증거하다에 해당하는 그리스어 동사
'symbibazo'는 예언과 동시에 예언의 실현을 의미한다.

바울이 복음의 선포자로 등장하는 13장 9절
이후로는 그의 이름이 사울에서 바울로 바뀐다.
사울은 이스라엘 왕국 초대군주의 이름이며
라틴어 형용사 'paulos'에 유래하는 바울은 '낮은자'를 뜻한다.

히브리어에서 라틴어 이름으로의 이행은
이방지역을 향한 앞으로의 선교활동을 예시한다.
바울이 수행한 세계선교의 사명은
"이방의 빛으로 땅끝까지 구원하는" 일이다. (13.47)

위의 구절은 이사야에 나오는 두번째 하나님 종의 노래에 연유한다.
"내가 또 너를 이방의 빛으로 삼아
나의 구원을 베풀어서 땅끝까지 이르게 하리라." (사 49.6)
의미있는 예언적 문장은 구원사역의 영속성을 지시한다.

사울의 회심은 기독교신앙이 계시임을 보여주는 확실한 증거이다.
하나님은 자신의 일꾼을 계시의 부름을 통해 선택한다.
소명을 부여받은 사도는 주님을 위해 과감하게 자신을 버린다.
사도바울의 세계선교로 기독교역사는 새로운 장으로 들어선다.

만일 사울의 '다마스커스 체험'이 없었다면
우리는 오늘날 처럼 신앙인의 은혜를 누리며
살아갈 수 없을 것이다. 기독교복음의 원리가
풍성하게 담긴 바울서신도 갖지 못할 것이다.

"베드로가 이말을 할때에 성령이 모든 사람에게 내려오니."
(행 10.44)

보다 넓은 이방지역으로의 선교는 우선 베드로에 의해 수행된다.
예루살렘 사도모임에 관한 기사의 마지막 절에 명시된
'이방인의 구원'은 이를 위한 신호탄이다. (행 11.18)
"하나님께서 이방인에게도 생명 얻는 기회를 주셨도다."

베드로의 이방선교는 이방의 백부장 고넬료에 의해 중재된다.
라틴어 'cornelius'에 유래하는 명칭을 지닌 그는
가이샤라 해안가에 주둔하고 있는 부대의 지휘관이다.
그는 기독교 세례를 받은 최초의 비유대인에 속한다.

가이샤라 전승에서 취한 이야기의 내용은
저자자신의 손에 의해 문학적으로 재구성된다. (10.1-33)
다원적 단락의 첫절은 서사이야기의 전형적 어법을 보여준다.
"가이사랴에 고넬료라 하는 사람이 있으니." (10.1)

33절에 걸친 방대한 이야기에는 베드로의 설교가 따른다. (10.34-43)
두 부분은 서로 결합하여 하나의 전체를 형성한다.
이어지는 다섯절은 전체단락의 후속부이다. (10.44-48)
이렇게 보면 고넬료와 베드로의 이야기는 크게 세 부분으로 구성된다.

누가는 고넬료 집의 복음전도 사역을 매우 중요하게 취급한다.
이어지는 11장에는 베드로의 입을 통해 동일사건이 보고된다.
그리고 예루실렘 회의를 보고하는 15장에 다시 언급된다. (15.7-9)
이와 같은 반복현상은 이방선교의 출발이 매우 의미있음을 지시한다.

고넬료는 '하나님을 경외하는 자', 즉 유대인의 믿음에
참여하면서도 할례를 받지않는 이방인에 속한다.
로마군대 장교가 욥바에 머물던 베드로를 초대한 것은

계시환상에 나타난 하나님사자의 지시에 기인한다.

팔레스티나 해안에 위치한 도시 욥바는 베드로가

여제자 다비다를 소생시킨 장소이다. (9.36-43)

이로인해 많은 사람들이 주님에 대한 믿음에 이르게 된다.

베드로는 한동안 무두장이 시몬의 집에 유숙한다. (9.42-43)

고넬료는 천사의 지시대로 몇명의 하인을 베드로에게 보낸다.

그들이 다음날 욥바에 가까이 이르자

마침 시몬의 집 지붕위에 있던 베드로는

황홀의 상태에서 기이한 천상의 환상을 보게된다. (10.10-16)

예언의 계시를 경험한 베드로는 성령의 말씀에 의거하여

가야샤라에서 찾아온 고넬료의 하인들을 유숙하게 한다.

이튿날 욥바의 형제들과 함께 가이샤라에 도착하자

친척과 친구들과 함께 기다리던 고넬료는 집에서 나와

베드로의 발앞에 엎드려 절을 한다.

베드로는 '나도 사람'이라고 말하며 고넬료를 일으켜 세운다. (10.26)

사람 앞에서 경배하듯 엎드리는 것은 온당한 일이 아니다.

우리는 단지 여호와 하나님에게 경배하여야 한다.

베드로는 집안으로 들어가 모여있는 사람들에게

꿈의 지시대로 왔다고 전하면서 '무슨 일로 불렀느냐'고 묻는다.
고넬료는 천상의 사신이 베드로를 청하라고 지시하였다고 말한다.
그러면서 '우리가 모든 것을 듣기위해 하나님앞에 서있다'고 고백한다.

이어서 시작된 베드로의 열정적 설교는
사도의 복음을 포괄적으로 요약하고 있다.
열절에 걸친 설교의 전개는 세례요한의 전파에서 시작하여
예수님의 죽음과 부활을 거쳐 다가올 심판과 구원에 이른다.

특히 사흘만에 부활한 예수님의 현현에 관해 강조한다. (10.40)
설교의 종반에는 예수님을 믿는자의 사면이 증언된다.
이어지는 다섯 절 단락은 설교가 끝난 후에 일어난 일의 보고이다.
여기에서 주목할 점은 단락의 서두에 지적된 놀라운 청중의 반응이다.

"베드로가 이말을 할때에 성령이 모든 사람에게 내려오시니." (10.44)
이것은 오순절에 일어난 성령강림 기적과 동일한 하나님의 징표이다.
이방인 가족전체와 주위 사람들이 성령의 충만을 체험한다.
그들은 방언으로 말하며 하나님의 위대한 일을 칭송한다. (10.46)

베드로와 함께 온 유대 동료들은 이 사실을 목격하고 크게 놀란다.
그들은 하나님이 유대인에게만 그와같은 일을 계시한다고 생각한다.
그러나 이제 특정한 지역이 아무 상관이 없다는 사실을 알게된다.
하나님은 자신에게 봉사하는 모든 사람을 사랑한다.

고넬료 집에서 발생한 기적사건은 '이방세계 오순절'로 불린다.
예수님의 부활이후 50일이 지난 오순절에 구현된 성령강림 기적은
서로다른 지역에서 온 사람들이 모여있는 유대땅에서 일어난다.
그때와 동일한 현상이 로마 장교가 거주하는 이방지역에서 증거된다.

"제자들이 안디옥에서 비로소 그리스도인이라 일컬음을 받게 되었더라."

(행 11.26)

사도행전에서 초기 이방선교의 출발점은 안디옥과 갈라디아이다.
두 지역의 전도사역은 바나바와 바울에 의해 주도된다.
'위로의 아들'이라는 뜻의 바나바는 바울과 함께
초기선교를 주도한 가장 중요한 인물이다.

갈라디아 복음선교는 바울의 제1차 선교여행의 내용이다.
사도행전 13-14장에는 이에 관한 보고가 상세하게 기술되어 있다.
선교여행의 순환루트는 비시디아 안디옥에서 출발하여
이고니엔, 루스드라, 더베를 거쳐 다시 시리아 안디옥으로 돌아온다

시리아 오른테강에 면한 대도시 안디옥은
예루살렘과 다른 분위기에 의해 지배된다.
그리스 문명이 시리아 황야로 진입한 북부 상업도시에는

유대지역에 나타난 종교차이의 문제가 별로 중요하지 않다.

이곳에서 몇 명의 그리스인이 이방인에게 복음을
전파하자 수많은 사람들이 새로운 믿음을 받아들인다.
이들은 두명의 선교사와 함께 '선지자와 교사'로 활동한다. (행 13.1)
최초의 이방공동체 안디옥교회의 전도성과는 요약하여 정리된다.

"주의 손이 그들과 함께 하시매
수많은 사람들이 믿고 주께 돌아오더라." (11.21)
이방인교회에는 '주님의 손길'이 믿음의 원동력으로 작용한다.
'주님의 손길'은 주님의 사랑이 직접 작용함을 말한다.

예루살렘 교회는 소문을 듣고 바나바를 안디옥으로 파견한다.
바나바는 안디옥에서 '하나님의 은혜를 보고 기뻐하여'
모든 사람에게 '확고한 마음으로 주님에게 머물라'고 권고한다.
그 결과 거대한 무리가 주님에게 소속된다.

바나바는 더욱 활발한 사역을 위해 동역자를 필요로 한다.
그리하여 다소로 가서 사울을 찾아 안디옥으로 데리고 온다.
고향에 내려가 칩거하고 있던 사울에게 처음으로 목회의 길이 열린다.
두사람이 힘을 합쳐 일년 동안 큰 무리를 가르친다.

이때에 기독교역사에서 매우 중요한 사건이 발생한다.

바울의 제자들이 처음으로 '그리스도인' 이라는 칭호를 얻는다.
"제자들이 안디옥에서 비로소
그리스도인이라 일컬음을 받게 되었더라." (11.26)

이방인에 의해 주어진 명칭 기독교인에 해당하는
그리스어 'Christianos'는 '그리스도에 속한 사람'이라는 뜻이다.
'Christianos'는 '기름부은 자'를 뜻하는 'Christos'에 연유한다.
여기에서 메시아를 의미하는 기독교신학 명칭이 정립된다.

그리스도는 유대인에게 메시아를 의미하는 반면
이방인의 귀에는 사람의 이름으로 통용된다.
안디옥교회 제자들이 기독교인으로 불리운 것은
무엇보다 예수님을 인격적으로 순수하게 믿었기 때문이다.

이방의 교인들은 그들의 말과 행동에서 예수님을 본다.
이것이 우리가 지향해야 할 진정한 기독교인의 원상이다.
오늘의 기독교인은 이 모형에서 멀리 벗어나있는 경우가 많다.
따라서 안디옥교회 제자들의 신앙과 행동으로 돌아가야 한다.

"급히 일어나라 하니 쇠사슬이 그손에서 벗겨지더라."

(행 12.7)

사도행전 12장 첫 단락에는 헤롯왕에 의한
베드로의 구금과 해방이 기술된다. (행 12.3-17)
헤롯이 베드로를 감옥에 가둔 것은 요한의 형제 야고보의
참수가 유대인에게 좋은 반응을 일으켰기 때문이다. (12.3)

베드로가 죽기 전날 감옥에서 구출된 환상의 사건은
사도역사기에서 가장 인상에 남는 이야기에 속한다.
비교적 상세하게 기술된 기사에서 천사에 의한
베드로의 감옥탈출과 예기하지 못한 마리아 집의

출현에 관한 대목은 매우 생동감있게 기술된다.
이것은 두 사건의 서술이 베드로 자신의 경험에 의거하기 때문이다.
베드로의 투옥과 해방의 사건 직후 헤롯왕은 죽음에 처해진다.
다음단락 종결문에는 그의 처참한 최후가 매우 격정적으로 서술된다.

"주의 사자가 곧 치니 벌레에게 먹혀 죽으니라." (12.23)
위에 제시된 독특한 내용의 역사적 사실에 관해서는
누가와 사학자 요세푸스의 사료가 순서와 연대기에서 일치한다.
누가의 문맥에서 보면 헤롯왕의 죽음은 그의 야만적 행동의 결과이다.

헤롯왕이 베드로를 체포한 날은 무교병을 먹는 날이다.
유월절 기간에는 발효된 곡물이 집안에 발견되어서는 않된다.
이와 같은 관습은 이스라엘 백성이 이집트를 탈출하기
이전에 마련한 발효되지 않은 무교병을 상기시킨다.

헤롯왕은 베드로를 감옥에 가둔 후에 네 명의 군인을 보초로 세운다.
두명은 베드로의 옆에, 다른 두명은 감방문에 배치된다.
베드로 투옥과 탈출을 기술하는 드라마틱한 단락에서
독자의 주의를 환기시키는 대목은 환상의 계시사건이다.

"홀연히 주의 사자가 나타나매 옥중에 광채가
빛나며 또 베드로의 옆구리를 쳐 깨워 이르되 급히
일어나라 하니 쇠사슬이 그손에서 벗겨지더라." (12.7)
다원적 복합문장을 시작하는 시간부사 '홀연히'는

원문에 감탄어 명령동사 '보라'로 표기된다.
이것은 서술될 내용이 매우 중요함을 지시한다.
즉 하나님에 의한 구원의 역사가 시작될 것임을 예고한다.
감방안에 '광채가 빛나는 것'은 신적 현현의 징표이다.

천사의 명령과 함께 베드로의 손에서 쇠사슬이 벗겨진
것은 하나님의 개입에 의한 놀라운 구원의 기적이다.
'옆구리를 쳐 깨우는' 것은 베드로가 깊히 잠든 사실을 지시한다.

베드로는 헤롯왕에 의해 참수당하기 전날 밤에도

주님의 돌봄을 확신하며 평소처럼 평안하게 잠을 잔다.
이것은 그가 비참한 죽음에서 벗어날 것을 기대해서가 아니라
부활의 주님이 자신을 구원해줄 것을 믿었기 때문이다.
천사는 쇠사슬이 풀린 베드로에게 '허리띠를 매고

신발을 신으라'고 명령한다. 베드로가 그대로 이행하자
천사는 다시 '겉옷을 던지고 나를 따르라'고 지시한다. (12.8)
베드로는 밖으로 끌려나가 천사를 따라가면서도
자신에게 일어난 모든 일이 천사에 의해 실제로 발생한

것이라는 사실을 알지 못하고 단지 꿈의 현상이라 생각한다,
시내로 가는 길은 세 개의 문과 세 명의 보초를 지나가야 한다.
마지막 바깥문을 통과하는 것은 야간의 시간에 몹시 어려운 일이다.
여기에는 그어떤 특별한 사건이 발생한 것으로 보인다.

굳게 잠겨진 문이 어떻게 해서 저절로 열렸는지도 알수 없다.
그러나 이곳의 진술은 목격자 자신의 증언에 의한 것으로 판단된다.
따라서 사실의 진실성을 의심하기에는 무리가 따른다.
베드로가 골목길을 지나갈 때 천사가 떠나가자

그때야 비로서 그는 제정신이 돌아와 다음과 같이 말한다.

"내가 이제야 참으로 주께서 그의 천사를 보내어 나를 헤롯의
손과 유대백성의 모든 기대에서 벗어나게 하신줄 알겠노라." (12.11)
조금전 까지도 모든 일이 꿈이라고 생각하던 베드로는

이제 하나님이 그의 사신을 통해 자신을 헤롯의
살해에서 벗어나게 하였다는 사실을 깨닫는다.
모든 일은 하나님의 구원계획에 따라 진행된 것이다.
스스로 이성을 되찾은 베드로는 마가의 모친 마리아 집으로 간다.

이집은 예루살렘 기독교인에게 집회장소로 사용된 곳이다.
베드로가 문을 두드리자 로데라는 이름의 하녀가 밖으로 나온다.
사람들이 베드로의 목소리를 알아차리자 그녀는 기쁨에 가득차
문을 열지않고 안으로 들어가 베드로가 밖에 서있다고 알린다.

사람들은 그녀에게 제정신이 아니라고 말한다.
문밖에 서있던 베드로는 계속해서 문을 두드린다.
사람들이 문을 열고 베드로를 보자 커다란 충격에 빠진다.
그러나 베드로는 손짓으로 조용히하라고 말한다.

이어서 베드로는 주님이 자신을 감옥에서 나오게한 사실을 전한다.
그리고 "야고보와 형제에게 이말을 전하라"고 말한 후에
다른 곳으로 떠나간다. (12.17) 주님의 형제인 야고보는
이 시기에 예루살렘 교구에서 특별한 지위에 있었던 것으로 보인다.

베드로가 한밤중에 감옥에서 잠을 자다 갑자기 천사에 의해
극적으로 풀려난 신비의 계시사건은 사도의 역사기에서
쉽게 이해되지 않는 특별한 기적에 속한다.
이것은 인간의 생각과 판단을 뛰어넘는 하나님 권능의 시현이다.

"두려워하지 말며 침묵하지 말고 말하라." (행 18.9)

사도행전 18장 전반부는 바울의 고린도교회 전도에 관한 보고이다.
기원전 1000년경에 세워진 그리스 도시 고린도는
유리한 지리적 조건으로 인해 중요한 교역과 항구도시로 발전한다.
그러나 기원전 146년 로마인에 의해 완전히 파괴된다.

기원전 44년에 이르러 비로소 로마 점령지로 새로이 건설된다.
기원전 27년 아가야주(Achaia) 수도로 승격되면서
경제부흥의 개화기를 맞은 고린도에는 여러나라 주민이 이주한다.
그 가운데 상당수는 유대인에 속한다.

이주민들은 상이한 종교와 문화가 새로이 번성한
도시에서 마치 고향을 발견한 것 같은 느낌을 갖는다.
사도바울은 제2차 선교여행의 마지막 단계, 즉
서기 50년 가을에서 52년 봄에 이르는 1년 6개월의

기간동안 고린도에 머물며 기독교교회를 세우고
복음을 전파한다. 누가의 고린도교회 전도기사는
이 기간에 일어난 사건을 서술한 이야기이다.
바울자신의 전언에 의거한 서술내용은 신빙성을 갖는다.

열일곱절에 걸친 기다란 단락은 바울이 고린도에서
복음을 전파하는 과정에서 유대인에 의해 심판대
앞으로 끌려갔다 아가야주 집정관 갈리오의(Gallio) 결정으로
심판을 면하는 이야기를 상세하게 기술한다. (행 18.1-17)

바울은 아덴을 떠나 고린도에 도착하자 얼마전
부인과 함께 이탈리아에서 이주한 유대인 아굴라를 만난다.
그는 바울과 동일한 직업인 천막 제조업자이기
때문에 바울은 그의 집에 유숙하며 일을 도와준다.

천막 제조업자는 넓은 의미에서 가죽가공자를 포함한다.
바울은 안식일에 회당에 들어가 말씀을 가르쳐
유대인과 그리스인을 확신의 신앙으로 인도한다.
실라와 디모데가 마게도니아에서 내려오자 바울은

말씀선포에 집중하여 예수님은 그리스도라고 증언한다.
이것은 두 동역자가 지참한 헌금에 의한 물질적 궁핍의
해결로 부담없이 자신의 사명이행에 전념할 수 있었기 때문이다.

그러나 유대인들은 바울의 증언을 심하게 비난한다.

그러자 바울은 옷을 털며 "너희 피가
너희 머리로 돌아갈 것이요 나는 순수하며
이방인에게 간다"고 대응한다. (18.6)
그리고나서 자신의 거처를 떠나 회당에서 가까운 곳에 있는

'하나님을 경외하는 자' 디도 유스도의 집으로 간다.
완전하게 표기된 이름 디도 유스도는 로마시민의 이름을 대언한다
새로운 거처에는 회당장 그리스보가 온가족과 함께
주님을 믿어 수많은 고린도인이 믿고 세례를 받는다.

이야기의 중심은 주님이 밤의 환상에 나타난 계시가건이다.
"두려워하지 말며 침묵하지 말고 말하라.
내가 너와 함께 있으매 어떤 사람도 너를
대적하여 해롭게할 자가 없을 것이니," (18.9-10)

주님은 내가 '너와 함께 있으니' 두려워하지 말고
입을 열어 복음를 전하라고 지시한다.
바울은 주님의 위로에 의지하여 1년 반 동안
도시에 머무르며 하나님의 말씀을 선포한다.

그러나 갈리오가 집정관으로 임명되어 도시에 부임하자

유대인들은 분노하여 바울을 심판대앞에 끌고 간다.
그들은 "이사람은 율법에 반하여 하나님을
섬기도록 사람들을 설득한다"고 비난한다. (18.13)

집정관 갈리오는 매우 흥미롭고 독특한 인물이다.
그는 스토아 철학자 세네카의 사랑받는 형제이며
네로황제의 스승이다. 지적 자질을 갖춘 그는 유대인이
바울을 고발한 의도를 알아보기 위해 상세하게 조사한다.

만일 바울이 로마법을 위반하였다면 당연히
고발사건을 심리해야 한다. 그러나 이것은
유대인의 믿음에 관계된 사안이기 때문에
로마 집정관의 법적 권한을 벗어난다.

갈리오의 재판거부에 이어진 장면, 즉
그리스 서민에 의한 유대 회당장의 징죄는
당시의 그리스 도시민의 반유대 감정이
얼마나 골이 깊은가를 보여준다.

갈리오는 율법의 문제는 유대인의 소관이라고
판단하여 사건을 담당하는 심판관 역할을 거부한다.
그리스인이 회당장을 붙잡아 심판대 앞에 세우지만
갈리오는 그와같은 판결에 관여하지 않는다. (18.17)

고린도교회 전도보고는 두권의 고린도서 내용을 이해하는데
큰 도움을 준다. 당시의 고린도교회 상황이 구체적으로
제시되어 있기 때문이다. 고린도교회 교인과 바울사이의 갈등은
서신에 다루어진 문제의 근원과 배경을 파악하는 중요한 전제이다.

"나의 생명조차 조금도 귀한 것으로 여기지 아니 하노라."

(행 20,24)

에베소교회 장로를 향한 고별설교는 기독교 청중앞에서 수행된
바울 유일의 설교라는 점에서 중요한 의미를 갖는다. (행 20,17-38)
설교자 자신의 행적이 포함된 고별설교의 권위는
바울서신에 제시된 경고구절과의 유사성에 의해 뒷받침된다.

밀레의 여행에 관한 보고이후 등장하는 방대한 단락에는
가까운 과거와 함께 하나님의 사역을 수행하기 위해
피할 수 없는 앞날의 숙명에 대한 두려움이 표명되어 있다.
다음장인 21장 후반에는 바울의 투옥이 다루어진다. (21,27-40)

바울은 밀레에 도착하자 에베소에 사람을 보내어 교회
장로들을 초청한다. 두 도시 사이의 거리는 50km에 이른다.
이어지는 단락은 장로들을 향한 바울설교의 내용이다.
바울은 어려운 시험 가운데에서도 눈물로 겸손히 주님을 섬긴다.

그는 에베소에서 사역하는 동안 커다란 위험에도 불구하고
하나님을 향한 회개와 우리 주님 예수의 믿음을 증거한다.
바울의 복음선포에서 두 요소의 연관은 드물지않게 발견된다.
회개의 행위와 믿음의 증거는 밀접하게 연계되어있다.

그러나 바울이 이제 '성령에 매여' 예루살렘으로
가면 그곳에는 결박과 환난이 기다린다.
다음장의 예루살렘 도착 기사에는 이에 관한 내용이 기술된다.
이어지는 고백은 설교전체의 중간결론에 해당한다.

"내가 달려갈 길과 주 예수께 받은 사명
곧 하나님의 은혜의 복음을 증언하는 일을
마치려함에는 나의 생명조차 조금도
귀한 것으로 여기지 아니 하노라." (20.24)

발언자는 위임된 사명을 완수하고 하나님 은혜의 복음을
증거하는데 자신의 생명이 가치가 있다고 여기지 않는다.
은혜의 복음증거는 다음 절에 지적된 '나라의 설교'와 일치한다.
실제로 바울은 자신에게 주어질 순교의 죽음을 예견하고 있다.

밀레에서 가이샤라로 가는 여정을 기술한
다음장 초반에서 바울은 다음과 같이 고백한다.
"나는 주예수의 이름을 위하여 결박당할 뿐 아니라

예루살렘에서 죽을 것도 각오하였느니라." (21.13)

이어지는 절에서 바울은 '나의 얼굴이 더 이상 보여지지 않을 것을
알고 있다'고 말한다. (20.25) 그는 예루살렘에서 자신에게 닥쳐올
위험을 극복하면 서바나로 출발할 생각을 갖고 있다. 자신이 떠나간
이후에는 사나운 이리가 덤벼들어 양떼를 돌보지 않을 것이다.

여기에서 사나운 이리는 거짓교사 집단을 가리킨다.
그들의 공격에 대처하는 방법은 깨어 일어나 '주님이 눈물로
훈계하던 것을 기억하는' 것이다. (20.31) 또한 '주는 것이
받는 것 보다 복이 있다'는 사실을 기억하는 것이다. (20.35)

위의 경구는 복음서에 전승되어 있지 않다.
그러나 유사한 의미의 구절은 발견된다.
이와 같은 사실은 초기선교 시기에
이미 예수님 말씀의 모음집이 유통된 것으로 보인다.

에베소 장로를 향한 설교에서 바울이 고백한
죽음의 각오는 그의 삶과 행동에서 실제로 증명된다.
그는 심한 육체의 질병에도 불구하고 절대순종의 자세로
이방세계에 담대하게 복음을 전하다 투옥되어 순교당한다.

사도바울은 서기 64년 혹은 67년에 제국수도

로마에서 사망한 것으로 알려져있다.

그는 도시의 대화재 사건이후 폭군 네로황제의

기독교핍박의 틀에서 순교자로 죽음을 맞는다.

사도바울의 종말에 관해서는 바울의 삶을 묘사한 Aelst의

태피스트리 작품 〈성자 바울의 죽음〉이(1550-1563)

모형적 증거로 전해내려 온다. 모두 아홉 개의 그림양탄자로 구성된

거대한 연작시리즈는 처참한 성자의 참수장면으로 막이 내린다.

정교한 꽃무늬 장식으로 둘러싸인 거대한

직사각형 화면위에 성전입구 전면의 야외뜰에서

집행된 처참한 사건이 연출된다. 온통 노란색으로

칠해진 드넓은 들판은 나무, 식물, 꽃으로 채워져있다.

큰칼을 오른손에 쥐고있는 형리가 왼손으로 바울의 머리를 붙잡는다.

오른쪽 가장자리에 감독자가 손을 들어 지시하고 있다

풍성한 붉은 겉옷을 걸친 성자바울은 무릎을

꿇은 채 두손모아 경건하게 기도를 드린다.

"오늘 내말을 듣는 모든 사람도 다 이렇게 결박된 것 외에는 나와 같이 되기를 하나님께 원하나이다."

(행 26,29)

사도행전 26장의 대부분은 바울이 체포된 상태에서
아그립바왕 앞에서 감행한 변론이다. (행 26.1-23)
이것은 공회와 벨릭스 총독의 심문에 이어진 마지막 심문이다.
합의재판 성격의 특이한 집회에는 베스도 총독과 버니게가 동석한다.

헤롯 아그립바 2세는 헤롯 아그립바 1세의 아들로
유대 외곽지역을 관할한 헤롯왕조의 마지막 통치자이다.
과부 버니게는 헤롯 아그립바 2세의 누이로
당시에 궁성에 살고있던 여류인사이다.

죽음의 위협에 처해진 극단상황에서 수행된 과감한 연설은
수동적 자기방어가 아니라 적극적 '삶의 변론'이라 할 수 있다.
변론의 방식은 청중의 상태에 맞게 우아한 어법을 사용하고 있다.
계시환상을 이야기하는 장면은 호소의 호칭 '오 왕이여'로 시작된다.

두손을 내밀며 인사한 변론자는 다시금 기독교인을 핍박한 과거의
악행과 천상의 환상을 본 이후의 변화된 삶을 진솔하게 고백한다.
하늘에서 들려온 계시의 음성은 수사적 격언형식으로 표현된다.
"가시채를 뒷받질하기가 네게 고생이니라." (행 26.14)

이것은 '가시몽둥이'를 향해 덤벼드는 황소의 모습을 가리킨다.
그와같은 행동은 고통을 더해줄 뿐이다.
고통의 가시는 박해자 바울로 하여금
이제까지와 정반대의 행동을 감행하게 만든다.

변론자가 선포한 내용은 지난번의 예루살렘 군중앞의 경우와 달리
특정한 사실에 중점이 주어진다. 그것은 새로운 종교의 선포가 아닌
민족적 희망의 실현이다. 새로운 메시아는 심한 고난을 당한 후에
부활하여 모든 민족에게 빛과 구원을 가져다준다.

계속되는 바울의 연설을 듣고있던 베스도 총독은
"많은 지식이 변호자를 미치게 만들었다"고 중단시킨다. (26.24)
베스도는 지식에 관한 바울의 욕구가 한계를 넘어섰다고 판단한다.
바울은 아그립바왕이 자신의 말의 진실성을 보증하리라고 대응한다.

구약에 있는 선지자의 예언을 전하였기 때문이다.
이 지적은 유대민족 왕을 당황하게 만든다.
곤경에 처한 그는 즉흥적 답변으로 국면을 벗어난다. (26.28)
"네가 적은 말로 나를 권하여 그리스도인이 되게하려 하는도다"

농담섞인 발언은 물론 스스로 기독교인으로
전향하고 싶은 의중의 표명은 아니다.
그러나 마지막 선언의 내용으로 보아 완전한 허구는 아니다.

아그립바왕은 변론자 연설의 진실성에 어느정도 동화되어 있다.

이제 피고인은 마지막으로 다음과 같이 선언한다. (26.29)
"오늘 내말을 듣는 모든 사람도 다 이렇게 결박된 것
외에는 나와 같이 되기를 하나님께 원하나이다."
발언자는 여기에서 묶여진 손을 앞으로 내밀었을 것으로 추측된다.

"나와 같이 되는 것'은 하나님 아들의 선포를 믿는 것이다.
위의 선언은 모든 청중을 향한 강한 기원이다.
바울은 자신의 생명이 위협을 받는 절박한 순간에
태연하고 담대하게 위대한 구원의 복음을 선포한다.

상대적으로 길게 진행된 바울의 연설은 여기에서 종식된다.
이어지는 세 절의 단락은 변론이후의 결과에 관한 보고이다.
바울이 말을 마치자 세 명의 심문자는 일어나 물러가서 서로 협의한다.
그리고 피고가 구금이나 사형의 죄를 저지르지 않았다고 결론짓는다.

단락의 마지막 절은 전체이야기의 후기이다.
합의재판에 의한 무죄의 선언이후 아그립바왕은
베스도 총독을 향해 다음과 같이 실토한다. (26.32)
"만일 가이사에게 상소하지 않았더라면 석방될수 있을뻔 하였다"

물론 이 후속발언은 불행한 사태를 해결하는 조처는 아니다.

이미 피고는 로마황제에게 직접 고발된 상태에 있다.

따라서 모든 절차는 로마법에 따라 진행된다.

과거사실에 대한 가정법 문장은 피고의 운명과는 관계가 없다.

그러나 여기에는 아그립바왕의 심경의 변화가 나타나있다.

바울의 끈질긴 전도는 심문의 주체인 유대왕으로 하여금

무죄한 피고의 석방을 공표하는데 까지 이르게한다.

이것은 바울의 변론이 행사한 강한 설득력을 보여주는 증거이다.

"하나님의 나라를 전파하며 주예수 그리스도에 관한 모든 것을 담대하게 거침없이 가르치더라."

(행 28.31)

사도행전은 로마선교를 요약하는 마지막 두 절로 마감된다.

그 시기는 서기 60-61년에 해당하는 2년 동안의 기간이다.

바울은 자신의 거처에 구금상태로 머물면서

찾아오는 사람들을 영접하고 복음을 전한다.

바울이 전한 복음의 내용은 하나님나라의 선포와

예수 그리스도에 관한 증언이다. (행 28.31).

"하나님의 나라를 전파하며 주예수 그리스도에 관한

모든 것을 담대하게 거침없이 가르치더라."

바울의 로마전도에 의해 문서서두에 강하게
명령된 세계선교의 수행이 목표에 도달한다. (1.8)
비록 대도시 일부에 국한된 업적이지만
선교자 자신이 계획한 로마전도의 실행이다. (롬 1.15)

간결한 보고의 중심은 예수 그리스도의
복음에 관한 '담대하고 거침없는' 전파이다.
상황부사구 '담대하고 거침없이'는 Luther 성서개역본에
'아주 솔직하게 방해받지 않고'로 번역되어 있다.

한마디로 매우 자유롭게 전파하였다는 의미이다.
특별한 수사적 표현은 지극히 어려운 여건 아래에도
전혀 굴하지않고 과감하게 말씀을 전파한
위대한 사도의 자세와 행위를 실감나게 보여준다.

바울의 가르침은 하나님나라의 기대에 기초하고 있다.
하나님의 나라는 부활의 예수님이 전한 말씀의 중심이다. (행 1.3)
"사십일 동안 그들에게 보이시며 하나님나라의 일을 말씀하시니라."
하나님나라는 예수님의 삶, 죽음, 부활에서 다가올 세계로 제시된다.

예수님은 생존시에나 무덤에서 살아난 후에나
변함없이 하나님나라의 선포를 최고의 사명으로 삼는다.
사도바울은 예수님이 선포한 하나님의 나라를

자신의 세계선교의 중심으로 삼는다.

사도행전의 종결문이 간단한 로마선교 사역보고로 대체된 것은
문서전체의 구성에서 볼 때 미완의 결론으로 보인다. 누가가 이처럼
결말의 마침표를 유보한 데에는 그어떤 중요한 암시가 들어있다.
아마도 그는 이미 거듭하여 시사된 바울의 순교로(20.24,21,13)

역사적 초기선교 기술을 마감하려 하였는지 모른다.
그러나 보다 중요한 것은 '복음의 지속적 전파' 라는 대전제이다.
사도역사기의 저자에게는 한개인의 훌륭한 업적이 아니라
충실한 사도에 의한 전세계의 구원이 의미를 갖는다.

이와 같은 사실은 오늘날의 해외선교에도 적용된다.
여기에서 중요한 것은 선교사의 능력이라기 보다
절대권능을 소유한 하나님의 개입과 인도이다.
하나님에게 완전히 의지하는 순종과 충성은 세계선교의 기본요구이다.

"복음에는 하나님의 의가 나타나서 믿음으로 믿음에 이르게하나니 기록된바 오직 의인은 믿음으로 말미암아 살리라함과 같으니라."
(롬 1.17).

로마서는 저자의 다른 서신처럼 교회성도를 위해 쓴 문서가 아니다.

바울의 기본문서로 인정받는 책은 그가 로마를 방문하기 전에
온전한 복음을 로마교회 성도에게 미리 알리기 위해 집필한 서신이다.
따라서 그리스도의 복음에 관한 서술이 전체의 중심을 형성한다.

저자는 로마서 첫장에서 일곱절 인사말과 로마로
가고싶은 소원의 피력에 이어 서신의 전개를 위한 씨앗을 뿌린다.
그것은 인사말 첫머리에 강조된 복음의 구체적 개진이다.
운문형식으로 기술된 기다란 일곱절 표제문 서두에서

저자는 자기자신을 탁월한 방식으로 소개한다.
"예수 그리스도의 종 바울은 사도로 부르심을 받아
하나님의 복음을 위하여 택정함을 입었으니." (롬 1.1)
저자의 신분을 규정하는 명칭 '예수 그리스도의 종'에서

명사 종은 흔들리지 않는 충성과 무조건의 믿음을 지닌 자를 말한다.
복합문장의 마지막 서술부 '택정함을 입었다'는 바울이
부활한 예수님에 의해 개인적으로 위임을 받은 사실을 지시한다.
'택정함을 입었다'로 번역된 수동의 과거분사형 동사는

Luther성서 개정본에 '특별하게 선택되었다'로 번역된다.
복음은 여기에서 예수 그리스도에 연결된 하나님의 좋은 소식이다.
바울이 '택정'의 목적으로 제시한 복음은
셋째 단락의 마지막에서 두 문장으로 총괄된다. (롬 1.16-17)

첫째 문장에는 복음이 축복을 주는 하나님의 능력으로 규정된다.

여기에서 능력은(dynamis) 영적 능력, 즉 하나님의 행위를 지시한다.

둘째 문장에는 복음이 하나님의 의와 믿음에서 규정된다. (1.17)

"복음에는 하나님의 의가 나타나서 믿음으로 믿음에 이르게 하나니

기록된바 오직 의인은 믿음으로 말미암아 살리라함과 같으니라."

위의 복합문장에서 앞뒤의 두 부분을 연결하는

접속어 '기록된 것'의 전거는 하박국 2장 4절이다.

"의인은 그의 믿음으로 말미암아 살리라."

간결한 구절은 갈라디아서 3장 11절에서

의와 믿음의 밀접한 연계를 지시하기 위해 인용된다.

랍비전통의 유대신앙은 바울에 의해 새로운 시대지평에서 해석된다

위의 인용문에서 표제어 복음의 의미는 두 단계로 개진된다.

첫째 복음에는 하나님의 의가 드러난다.

의는 하나님의 본성으로 인간의 올바른 행위를 위한 모형이다.

여기에는 불의에 반대되는 정의 뿐만 아니라 사죄와 해방도 포함된다.

복합문장을 인도하는 중심어 하나님의 의는 믿음의 은혜로 이어진다.

부사구 '믿음으로 믿음에'는 '믿음안에서 믿음으로'로 고쳐쓸 수 있다.

특별한 형식의 구문은 믿음의 반복을 통해 믿음의 상태를

강화하는 어법으로 믿음의 완전성과 절대성을 지시한다.

둘째 의인은 오직 믿음으로 산다.

강조부사 '오직'의 사용은 믿음이외의
그어떠한 것도 의인의 속성이 아님을 강조한다.
'살다'에 해당하는 그리스어 동사 'hajje'는
생명과 동시에 구원의 의미를 포함한다.

구체적으로 '구원에 참여하여 영생을 얻다'의 뜻이다.
의인이란 하나님의 구원을 믿음에서
받아들여 영생의 축복을 누리는 사람이다.
로마교회 성도를 향한 귀중한 선언문에는

복음의 의미가 의와 믿음의 관계에서 훌륭하게 정의된다.
하나님의 의는 율법과 심판이 아니라 믿음과 사랑에 본질이 있다.
믿음의 의는 행위의 의와 구분된다.
구원의 복음은 그어떤 행위나 업적이 아니라

순수한 믿음, 즉 하나님의 은혜로 이루어진다.
바울이 모든 서신의 모형인 로마서 서두에 제기한
도입명제는 기독교복음의 '마그나 카르타'로 인정받는다.
여기에 개진된 하나님의 복음은 모든 믿는자에게

삶과 신앙을 위한 굳건한 토대를 형성한다.

Luther에 의해 주도된 종교개혁 신학의 기조는
복음의 표본으로 인정된 구절의 재해석에 바탕을 두고있다.
Luther는 로마서 서론의 해석학적 재발견을 '탑의 체험' 이라 고백한다

다시 말해 그의 기독교실존에 새로운 동기를 부여한 최고의 체험이다.
의미있는 자기고백은 그의 독자적 성서번역에 의해 뒷받침된다.
그는 그리스어 2격명사 'dikaiosyne theou'에 해당하는
하나님의 의를 '하나님앞에 통용되는 의'로 바꾸어 번역한다.

하나님의 의 다음에 구체적 서술의 관계문장이 따른다.
역자의 특별한 번역은 일정한 의도아래 이루어진다.
의는 의로운 하나님이 죄인을 형벌하는 의가 아니라
자비의 하나님이 선사하는 선물로 이해된다.

이것은 믿음과 복음의 의미를 다시 파악하는 근거를 제공한다.
즉 징벌하는 하나님의 활동에서 의의 선물을
받아들이는 인간으로 무게가 옮겨진다.
여기에서 '능동의 의'에서 '수동의 의'로

전환된 새로운 하나님상이 정립된다.
이와 같은 획기적 착상은 Luther의 신앙관을
변화시키는 거대한 동력으로 작용한다.
그 결과는 종교개혁 운동의 실천으로 나타난다.

기독교역사의 새로운 지평을 열어준 역사적 종교개혁이
신약성서 한구절의 심오한 성찰에 기인한다는 사실은
성서의미의 올바른 포착이 얼마나 중요한가를 여실히 보여준다.
성서해석은 인간과 역사를 바꾸는 위대한 힘과 능력을 지닌다.

"아담은 오실자의 모형이라."

(롬 5.14)

기독교의 죄의 해석에는 원죄의 개념이 중요한 자리를 차지한다.
원죄는 최초인간의 죄악 뿐만 아니라 인류전체의 죄를 포함한다.
죄의 조상을 가진 인간은 누구나 원래의 재앙에 참여한다.
인간은 태어날 때 부터 오염된 속성과 죄의 성향을 물려받는다.

원죄의 개념은 창세기 3장의 에덴동산 이야기에
서술된 아담과 이브의 타락과 추방에 기인한다.
그들은 자신을 창조한 하나님의 계명을 위반함으로써
원래 주어진 하나님의 의와 '동형상'을 상실한다.

원죄에 관한 성서의 근원은 시편과 로마서에 발견된다.
시편의 참회기도에는 죄악속의 출생이 고백된다. (시 51.5)
"내가 죄악 중에서 출생하였음이여
어머니가 죄 중에서 나를 잉태하였나이다."

신약성서에서 '고전적 원죄구절'로 통하는 대목은
로마서 5장 12-21절이다. 바울은 여기에서 전승된 원죄개념과
그 해법을 아담과 그리스도의 대립관계로 설명한다.
즉 아담의 죄를 물리친 그리스도의 승리를 서술한다.

열절에 걸친 단락은 원죄의 발생으로 시작된다. (롬 5.12)
"그러므로 한사람으로 말미암아 죄가 세상에 들어오고/
죄로 말미암아 사망이 들어왔나니/ 이와 같이 모든 사람이
죄를 지었으므로/ 사망이 모든 사람에게 이르렀느니라."

접속부사 '그러므로'로 시작되는 진술문에는 모든 인간을 대리하는
'한사람'의 잘못된 행동이 죄악과 사망을 가져온 통로로 지적된다.
한사람과 모든 사람의 관계에 근거하는 논리는 한마디로 정리된다.
"아담은 오실자의 모형이라." (5.14)

여러 의미를 포함한 명사 모형은 상, 모상, 원상을 뜻한다.
아담은 '오실자' 그리스도의 원상으로 규정된다.
언뜻 오해를 자아낼 수 있는 진술은 구체적 설명을 필요로한다.
최초의 인간 아담은 새로운 인간을 대언하는 '제2의 아담'

그리스도와 특별한 방식으로 대비된다.
구체적으로 죽음과 삶, 죄와 의, 순종과 불순종,
정죄와 정당화, 범죄와 은혜 등 여러겹의 대립이다.

아담과 그리스도는 옛인간과 새로운 인간을 대신하는 큰 단위이다.

여기에 적용된 비교방식은 예형론에(typology) 속한다.
예형론은 그리스어 명사 'typos'에 근거하는 역사관찰 방법이다.
예형은 이미 주어진 '전신'과의 비교를 통해 새로운 의미를 창출한다
예형해석은 구약의 인물과 사건을 신약의 '전신'으로 본다.

예형의 이해에서 중요한 부분은 반예형'의(Anti-Typ) 범주이다.
'반예형'은 원래의 예형과 반대되는 또다른 예형이다.
로마서 5장 12-21절에 의미있게 개진된
아담-그리스도 관계는 '반예형' 논리에 의거한다.

고린도전서 부활장의 후반부인 몸의 부활 단락에는 예수님이
첫사람 아담과 대비하여 마지막 아담으로 명명된다. (고전 15.45)
마지막 아담은 구원받은 인간의 창조주 그리스도이다.
그는 생령인 아담과 달리 죽은자를 '살려주는 영'이다.

'제2의 아담' 혹은 마지막 아담이라는 명칭은 그리스도와
아담의 양면적 관계를 지시한다. 이 특별한 관계는 이어지는
세 절에서 병행형식을 통해 명료하게 서술된다. (롬 5.17-19)
서로 긴밀하게 연계된 세 절은 주어 '한사람' 혹은

'한범죄'에서 시작하여 '많은 사람'의 결과로 이어진다.

첫절에는 '사망의 왕'에서 '은혜와 의의 선물로'

둘째 절에는 하나의 범죄와 정죄에서 '의로움의 생명'으로

셋째 절에는 한사람의 불순종에서 많은 의인의 생성으로 넘어간다.

세 절의 내용을 '반예형' 논리에 의거하여 정리하면 다음과 같다.

최초의 인간이 저지른 죄악으로 말미암아 인류가 죽음에 이른 것 처럼

새로운 아담에 의한 속죄로 인해 인류는 삶으로 인도된다.

아담이 저지른 범죄의 정도가 크면 클수록

이를 분쇄하는 구원의 실현은 그만큼 더 강화된다.

5장 17절에 서술된 복합문장의 이해에는 논리의 결과를

지시하는 수치의 비교부사 '더욱더'에 유의해야 한다. (5.15,17)

접속의 역할을 하는 축약형식 부사는 '더욱 크게'를 뜻한다.

복합문장 중간에 위치한 '더욱더'는

이어지는 후자의 내용에 액센트를 부여한다.

즉 범죄행위에 비해 구원의 실현을 지시하는 정도가 '훨씬 더 크다'.

역전의 논리는 여기에서 극단의 확대로 진전된다.

이 새로운 비교논리가 아담-그리스도 관계를 이해하는 핵심이다.

위에 인용한 난해구절 '아담은 오실자의 모형이라'에서

열쇠어 모형은 아담이 아니라 이와 반대되는 오실자의

최고의 승화에서 은폐된 의미가 분명하게 드러난다.

단락의 종결문은 5장 18절의 내용을 새로이 보완한다. (5.21)

"우리주 예수 그리스도로 말미암아 영생에 이르게하려 함이라."

아담과 그리스도의 역전에 관한 특별한 설명은

마지막에 이르러 구원의 핵심인 영생의 획득으로 귀결된다.

"오호라 나는 곤고한 사람이로다. 이 사망의 몸에서 누가 나를 건져내랴."

(롬 7.24)

육과 영의 대립은 로마서의 중심주제에 속한다.

그리스어 명사 'sarx'와 'pneuma'로 표기되는

두 개념은 신약성서에서 다양한 방향으로 서술된다.

사도바울에 있어서는 두 용어가 문자와 정신에 유추하여 설명된다.

문자는 내면의 정신에 대조되는 외부의 형체이다.

여기에서 '낡은 문자'와 '새로운 영'의 이분법이 유도된다.

"우리가 영의 새로운 것으로 섬길 것이요

율법조문의 묵은 것으로 아니할 지니라." (롬 7.6)

문자의 낡은 본질과 영의 새로운 본질은 명료하게 대조된다.

두 범주는 각기 율법의 삶과 영의 삶을 대언한다.

문자와 영의 대립명제는 고린도후서 3장 6절에 명시된다.

"율법조문은 죽이는 것이요, 영은 살리는 것이니라."

그리스어에서 'kainos'에 해당하는 '새로운'은
시간적으로 '새로운'이(neos) 아니라 질적으로 새롭다는 뜻이다.
죽음과 삶으로 대비된 양극논리는 로마서 8장 서두에서 구체화된다.
"육신의 생각은 사망이요, 영의 생각은 생명과 평안이니라." (8.6)

죽음이 육신의 삶에 대한 결과인 것과
마찬가지로 생명은 영의 작용에 기인한다.
육과 영은 사망과 생명, 사망과 평안의 대립으로 규정된다.
육은 인간의 무기력이며 영은 영원한 능력이다.

따라서 육은 신적 구원의 힘을 신뢰하고 의지할 수 밖에 없다.
육과 영의 대립은 7장 중간단락에서 심도있게 다루어진다.
열두 절로 구성된 복합단락의 전반은 전제이며(7.14-20),
후반은 전제에서 유도된 결론부이다(7.21-25).

단락전체의 중심은 내면의 소원과 육신의 행위사이의 갈등이다.
이 근본문제는 마지막 두 절에서 심각한 자아번민으로 나타난다.
'종의 한탄'으로 불리는 자성의 고백에서
저자는 처참한 심정으로 강하게 호소한다.

"오호라 나는 곤고한 사람이로다.

이 사망의 몸에서 누가 나를 건져내랴." (7.24)
도전적 형식의 의문문은 바울서간에 나오는 가장 강력한
탄식의 하나이다. 탄식어 '오호라'로 시작되는 앞행에서

화자는 스스로를 '곤고한 사람' 이라 부른다.
형용사 '곤고한'은 '불쌍한', '애쓰는', '고통받는'의 뜻이다.
2격 명사구 '사망의 몸'은 죄와 죽음의 율법에
종속된 인간의 본성을 의미한다.

바울은 사망에 의해 지배된 육신으로 부터 벗어나려 발버둥친다.
절망의 외침은 놀랍게도 곧 칭송의 노래로 전환된다.
"우리주 예수 그리스도로 말미암아 하나님께 감사하리로다". (7.25)
이와 같은 총체적 역전은 예수 그리스도의 복음 때문이다.

복음의 말씀은 죄의 노예가 된 인간을 구원하는 원동력이다.
단락을 마감하는 종결문 후반에는 '마음'에 의한
'하나님의 법'과 육신에 의한 '죄의 법'이 서로 대조된다.
그리스어 명사 'nus'에 해당하는 '마음'은

육체의 본능을 넘어서는 이성의 능력을 말한다.
7장 25절의 결론은 앞의 21-23절에서 유도된 내용이다.
세 절에는 '속사람'으로는 '하나님의 법'을 즐거워하나
지체로는 '죄의 법'에 사로잡혀 있다는 사실이 지적된다.

사도바울이 솔직하게 토로한 처절한 자성의 고백은
육신의 굴레에서 벗어나는 일이 얼마나 힘든 일인가를 잘 보여준다.
그러나 사망의 위협에 처한 자는 그리스도의 복음에서 탈출구를 본다.
그리하여 탄식의 호소를 이겨내는 감사의 노래를 부른다.

이와 같은 상황의 역전은 바울자신의 경험에 기인한다.
그는 가차없는 자신과의 투쟁을 통해 죽음의 율법에서 벗어난다.
그 결과 그리스도의 복음을 과감하게 전파하는 새로운 힘을 얻는다.
위에 인용한 감사의 칭송은 저자의 삶에서 우러나온 진정한 고백이다.

사도바울이 로마서 7장 24절에 고백한 두 행의 탄식은
후세의 수용사에서 되돌릴 수 없는 영향력을 행사한다,
Bach의 교회칸타타 <나는 곤고한 자>는(1723, BWV 48)
독자의 뇌리에 지워지지 않은 인상을 각인한 시행

"나는 곤고한 자로다 누가 나를 구원하리요"를 표제로 삼고 있다.
삼위일체 축일이 지난 후 19번째 주일을 위해 작곡된 곡목은
모두 일곱 악장으로 구성된 오케스트라 합창곡이다.
합창곡 전체의 진행은 제1합창에서 출발하여 제2서창,

제3합창, 제4아리아, 제5서창, 제6아리아를 거쳐 마지막
제7합창으로 종결된다. 이탈리아어 'Rezitativo'로 표기되는
서창은 오페라 대사를 노래하 듯 말하는 형식을 말한다.

이에 비해 아리아는(Aria) 서정적 선율을 의미한다.

일곱 악장의 구성에는 오케스트라 연주를
동반한 합창이 전체를 둘러싸는 틀거리 역할을 한다.
즉 처음과 나중이 서로 만나는 순환구조를 형성한다.
이와 같은 구조도식은 체계적으로 구상된 음악작품의 전형적 특성이다.

일곱 악장 전체의 흐름은 처절한 탄식에서 출발하여
구원의 확신과(제5서창) 죄의 사면을(제6 아리아)
거쳐 그리스도의 위로에 도달한다.
마지막 합창의 표제는 "주예수 그리스도 유일의 위로여"이다.

2008년 6월 5일 Bach협회 주최로 Lutz의 지휘아래 Trogen 개신교
교회에서 개최된 음악회는 가장 널리 알려진 연주회이다.
13분 34초가 소요되는 음악회에는 앨토 솔리스트 Sandhoff가
서창을, 테너 솔리스트 Kaleschke가 아리아를 담당한다.

**"그러므로 이제 예수 그리스도 안에 있는 자에게는 결코 정죄함이 없
나니."**

(롬 8.1)

율법으로 부터의 자유와 율법아래의 인간을

서술한 로마서 7장에 이어진 제8장은 성령안에서
이루어지는 새로운 삶을 주제로 삼는다. (롬 8.1-11)
앞장에 개진된 내용은 여기에서 한걸음 더 진전한다.

로마서 8장 초반은 율법의 취하와(8.1-4)
은총의 승리의 두 부분으로 구성된다. (8.6-11)
상대적으로 긴 후반단락은 전반단락에 연결되어 있다.
여기에는 영적 투쟁과 성령의 지배가 서술된다.

복합단락 전반의 네 절은 정죄가 없는
기독교인의 삶을 서술하는 중심부이다.
기독교복음의 원리를 지시하는 대목은
후세의 주석사에서 복음의 에센스로 인정된다.

복합단락을 열어주는 두 절은 전체의 핵심이다.
첫절은 성령안에서의 새로운 삶을 대언한다.
"그러므로 이제 예수 그리스도 안에 있는
자에게는 결코 정죄함이 없나니." (8.1)

'그러므로'로 시작되는 강한 부정문은 다음과 같이 재구성된다.
'네가 그리스도 안에 있으면 그리스도에 의해
죄에서 벗어나는 자유가 주어진다.
너의 실수가 더 이상 너를 구속하지 못한다.'

선언문의 핵심어 '정죄'는 원래 '정죄의 판결'을
뜻하는 복합어로 법률용어에 속한다.
믿는자는 이제까지 자신을 지배한 율법에서 뿐만
아니라 율법의 위반으로 받은 형벌에서 해방된다.

율법의 정당한 요구, 즉 의로운 삶은
우리에 의해서가 아니라 '그리스도 안에서' 성취된다.
저자의 표현도식 '그리스도 안에서'는
여기에서 예수님과의 완전한 일치를 지시한다.

'그리스도 예수안에'의 후속전치사 '안에'는
두 인격사이의 내면의 연합을 가리킨다.
기독교인은 십자가죽음이 자유를 부여하고 부활이 미래를
보증한다는 사실에서 그리스도와 하나로 연합한다.

이어지는 절은 앞절의 선언에 대한 탁월한 설명이다.
"이는 그리스도 예수안에 있는 생명의 성령의 법이
죄와 사망의 법에서 너를 해방하였음이라." (8.2)
경구형식 시행에는 예수 그리스도의 믿음에 의한 해방이 강조된다.

그리스도를 믿는자가 의지하는 새로운 율법은
'예수 그리스도안에 있는 생명의 성령의 법'으로 규정된다.
이 율법은 '죄와 사망의 법에서' 우리를 벗어나게 한다.

대조되는 두 명사구에 공통으로 사용된 명사 법은 권능을 의미한다.

'생명의 성령의 법'은 영원한 생명을 주는 성령의 권능을 말한다.
성령의 권능은 '죄와 사망의 법'에서 '너'를 해방한다.
즉 인간의 죄를 무력화하고 죽음의 그늘에서 나오게한다.
이것이 이제까지 서술된 육과 영의 대치관계에 관한 결론이다.

성령의 권능은 정죄의 문제를 해결하는 동인이다.
8장 2절은 기독교인의 삶에 관한 온전한 상을 제시한다.
죄의 권능은 하나님아들의 죽음을 통해 영원히 분쇄된다.
'그리스도 안에' 있는 사람은 죄와 사망의 율법에서 완전히 벗어난다.

성령에 의한 근본적 죄책감의 해결은 인간의 생각에 관계된다.
8장 5-7절의 세 절에는 성령이 생각과 사고를 다스린다고 지적된다.
생각은 첫절에서 동사, 다음 두 절에서 명사의 형태로 세차례에 걸쳐
사용된다. 후반의 두 절에는 '육신의 생각'이 주어로 등장한다.

세 절의 중간부를 형성하는 한 절은 전체의 포인트이다.
"육신의 생각은 사망이요 영의 생각은 생명과 평안이니라." (8.6)
죽음이 육신에 의거한 삶의 결과인 것과
반대로 영의 활동에 의거한 삶은 생명과 평안이다.

육신과 영의 생각을 대조하여 서술하는

위의 인용문은 아래와 같이 고쳐쓸 수 있다.

'네가 하나님의 말씀과 성령을 주시할 때에는 평안을 찾게된다.

그러나 네가 세상일과 근심에 종속될 때에는 불안에 사로잡힌다.'

"다른 어떤 피조물이라도 우리를 우리 주 그리스도 예수안에 있는 하나님의 사랑에서 끊을수 없으리라."

(롬 8.39).

로마서 8장 종반에 제시된 '사랑의 승리찬가'는(롬 8.33-39).

고린도전서 13장의 〈사랑의 아가〉와 함께 무한한 사랑을 송축한다.

격정에 찬 일곱절 찬가로 구원의 확신에 관한 성찰은 종식된다.

저자는 두편의 찬가를 통해 사랑을 최고의 단계로 승화하고 있다.

'사랑의 승리찬가'의 전개는 두 개의 질문으로 귀속된다.

하나는 "누가 하나님이 선택한 자를 고발하리요" 이고(8.33),

다른 하나는 "누가 우리를 그리스도의 사랑에서 끊으리요" 이다(8.35).

병행형식에 의거한 두 질문은 긴밀하게 서로 연계되어 있다.

앞의 물음은 "누가 하나님에 의해 의롭다고

선언된 자를 새로이 정죄할 수 있으리요"로,

뒤의 물음은 "누가 그리스도와 그를 믿는자 사이의

사랑의 연합을 끊을수 있으리요"로 고쳐쓸 수 있다.

의문대명사 '누가'로 시작된 두 질문에는
각기의 질문에 대응하는 일연의 답변이 주어진다.
화자는 거의 엑스타시의 확신에 가득 찬 상태에서
두 개의 범주에 속하는 모든 반대요소를 부정한다.

두 번째 질문에는 다음과 같은 보충질문이 따른다.
"환난이나 곤고나 박해나 기근이나
적신이나 위험이나 칼이랴." (8.35)
이미 답변이 암시된 도전적 의문문에는

그리스도를 고백하는 모든 사람이 겪는
시간적 장애가 열거된다. 여기에 명명된
일곱가지 고난의 내용은 순전한 성격의 것이다.
그리고 사도 자신의 경험에 비추어 친숙한 대상이다.

사랑의 단절에 관한 종국적 질문은
마지막 두 절에서 되돌릴 수 없는 방식으로 응답된다
서로 병행하는 두 절의 서술에서
단락을 마감하는 둘째 절은 앞절에

이어 사랑의 단절을 철저하게 봉쇄한다.
"다른 어떤 피조물이라도 우리를 우리 주 그리스도
예수안에 있는 하나님의 사랑에서 끊을수 없으리라." (8.39).

단락의 결구에 해당하는 한 절의 시행은 전체의 총화이다.

강한 어법의 부정문에서 핵심에 해당하는
기다란 명사구 '그리스도 예수안에 있는
하나님의 사랑'은 앞의 37절에 언급된
그리스도의 사랑에 대한 원천적 보완이다.

보다 자세히 풀어쓰면 "예수 그리스도 안에서
구원의 능력이 되는 하나님의 사랑"이다.
이처럼 완전무결한 사랑으로 부터
우리를 떼어놓을 수 있는 피조물은

현실세계에 존재하지 않는다.
하나님의 절대사랑은 그리스도를 통해 인간에게
작용하고 인간은 이 일치의 사랑에 은혜로 참여한다.
이것이 '사랑의 승리찬가'가 독자에게 전하는 마지막 메시지이다.

"오직 은밀한 가운데 있는 하나님의 지혜를 말하는 것으로서 곧 감추어졌던 것인데."

(고전 2.7)

그리스 항구도시 고린도에 세워진 고린도교회는

도시의 사회구조와 정신적 분위기의 영향아래
개별집단 시이와 바울과 교회사이에 커다란 갈등이 제기된다.
고린도교회 교인들은 바울의 설교와 행적이 넌센스라고 비난한다.

바울은 고린도전서 2장에서 이와 같은 공격에 대응한다.
2장 서두에는 믿음이(pistis) 인간의 지혜가 아니라
하나님의 능력에 근거한다고 강조된다. (고전 2.5)
즉 하나님의 능력안에서 이루어지는 성령의 삶을 촉구한다.

이어지는 단락에는 하나님의 지혜가 서술된다. (2.6-16)
열한 절에 걸친 단락은 하나님의 지혜를 세가지로 규정한다.
첫째 하나님의 지혜는 측정할 수 없다.
둘째 하나님의 지혜는 세상에서 인식될 수 없다.

셋째 하나님의 지혜는 기독교인에게 성령을 통해 선사된다.
앞의 두 항목에는 인간의 한계를 뛰어넘는 하나님의 지혜가 지적된다.
마지막 항목은 초월적 하나님지혜에 도달하는 방법의 제시이다.
이 부분이 단락전체의 포인트라 할 수 있다.

단락의 첫절은 세상의 지혜와 다른 '온전한 자'의 지혜를 지적한다.
그것은 비밀에 감추어진 하나님의 지혜이다.
"오직 은밀한 가운데 있는 하나님의 지혜를 말하는
것으로서 곧 감추어졌던 것인데." (2.7)

위의 문장은 하나님의 지혜에 관한 탁월한 조명이다.

비밀의 그리스어 명사 'mysterion'은 믿음에 계시된 비밀을 말한다.

'감추어진 것'은 인간의 이성으로 도달할 수 없는 것을 지시한다.

다시 말해 하나님의 계시에 의해서만 알 수 있는 대상이다.

하나님의 지혜는 인간의 눈으로 인식할 수 없다.

세계의 통치차 역시 자신의 지혜를 신봉하기 때문에

하나님의 지혜를 모른다. 만일 알았더라면

'주님의 영광'을 십자가에 못박지 않았을 것이다. (2.8)

단락의 후반부는 하나님의 영에 관한 서술이다. (2.10-16)

앞단락에서 유도된 일곱절 단락의 내용은

하나님의 영에서 영의 인간으로 넘어간다.

하나님은 오직 '우리 영광을 위하여' 성령을 통해 계시한다.

성령은 후반부의 첫절에서 다음과 같이 규명된다. (2.10)

"성령은 모든 것 곧 하나님의 깊은것 까지도 통달하시느니라."

여기에서 타동사 '통달하다'는 꿰뚫는다, 관철하다를 뜻한다.

성령은 하나님의 심층세계를 꿰뚫는 능력을 지닌다.

우리는 하나님의 영으로 은혜에 의해 주어진 것을 알게된다.

육의 인간은 성령을 받지 아니하기 때문에 어리석은 존재이다.

반면 영의 인간은 모든 것을 판단하며 동시에 판단을 받지 않는다.

여기에서 모든 것은 세속의 것과 영적인 것을 다 포함한다.

마지막 절에는 '우리가 그리스도의 마음을 갖고있다'고 언명된다.
추상명사 마음은 의식, 이해력, 최고의 지혜를 지시한다.
성령은 기독교인을 도와 사물을 그리스도의 조망에서 판단하게 한다.
이것이 성령의 작용과 기능에 관한 서술의 결론이다.

**"몸은 하나인데 많은 지체가 있고 몸의 지체가 많으나 한몸임과 같이
그리스도도 그러하니라."**

(고전 12.12)

고린도전서는 교인사이의 분쟁으로 인해 교회질서가
무너진 시기의 교회생활을 우리에게 보여준다.
나아가 복음의 기초위에서 어떻게 실제문제가 해결되며
상이한 문화권의 복음이 이해될 수 있는가 하는가 방식을 가르친다.

문서의 구성은 서두, 본론, 결론의 세부분으로 되어있다.
전체의 대부분을 차지하는 본론은 파벌의 분쟁,
도덕적 해이, 결혼문제, 기독교 자유, 공적 예배의 자세
그리고 세 단계 부활증거의 여섯 항목으로 나누어진다.

서신의 후반에 해당하는 7-14장은 교인들의

서면질의에 대한 답변형식으로 기술된다.
여덟 장에 걸쳐 개진된 내용은 고린도교인
뿐만 아니라 모든 기독교인의 신앙생활을 위한 표본이다.

고린도교회에는 성령은사의 과도한 사용이
교회의 분렬을 야기한다. 이것은 오도된 경쟁심의 발로이다.
기독교인은 서로다른 은사와 봉사성향을 갖고있기 때문이다.
하나님의 능력 역시 개인에 따라 서로 다르게 나타난다.

 이와 같은 상이성의 배후에는 동일한 하나님이 존재한다.
성령의 은사는 12장 전체에 걸쳐 상세하게 다루어진다.
방대한 장의 서두는 성령의 공적 활동이 잘 제어되어
조화를 형성해야 한다는 사실을 가르친다. (고전 12.4-11)

성령의 은사에 관한 교시는 새로운 단락의 첫절에 정리된다.
"몸은 하나인데 많은 지체가 있고 몸의 지체가 많으나
한몸임과 같이 그리스도도 그러하니라." (12.12)
위의 비유문에는 몸과 지체의 관계가 그리스도로 비유된다.

교회는 그리스도 안에서 한몸을 이루며 각 개인은 그 지체이다.
이 지체는 각기 중요한 과제를 수행한다.
몸의 일원성은 여러 지체의 상호작용에서 보증된다.
고린도교회 상황에 비추어 제시된 의미있는 진술은

그리스도의 몸이라는 교회이론을 세우는 기초가 된다.

라틴어 'corpus christi'로 표기되는 복합어는 교회의 상징이다.

이미 고대에 공동체의 통일과 연합이라는 교회의 표상이 설정된다.

바울에 의해 제기된 교회의 착상은 교회론에서 구체적으로 개진된다.

그리스도의 몸은 예수님에 의해 베풀어진

거룩한 성만찬예식에 뿌리를 두고 있다.

성만찬의 식사공동체는 유기체의 기능적 통일을 형성한다.

그리스도에 의해 형성된 상호성은 지체사이의 차이를 극복한다.

단락의 종반에는 몸과 지체가 다음과 같이 규정된다.

"너희는 그리스도의 몸이요 지체의 각부분이라." (12.27)

위의 문장은 몸의 통일과 다양성을 대언한다.

교회구성원은 그리스도의 몸이며 개별지체이다.

이어지는 세 절에는 기적을 수행하는 능력, 병치유 은사,

다양한 방언의 세가지 성령의 은사가 열거된다.

그리고 이 모든 요소가 사도, 예언자, 교사에게 소속되는지 물어본다.

이에 대한 답변은 마지막 절에서 다음과 같이 주어진다. (12.30)

"더욱 큰 은사를 사모하라. 내가 너희에게 가장 좋은 길을 보이리라"

이와 같은 약속은 다음장의 '사랑의 아가'에 구체적으로 실현된다.

여기에는 사랑이 모든 은사를 능가하는 최고의 덕목으로 고양된다.

고린도전서 13장의 찬가는 앞장의 마지막 문장에 연결되어 있다.

방언과 예언적 담화의 문제는 14장에 다시 구체적으로 기술된다.
40절에 걸친 거대한 장의 내용은 종결문에 탁월하게 요약된다.
"모든것을 품위있게 하고 질서있게 하라." (14.40)
격언형식의 명령문은 '내 형제들'을 위한 강한 권면의 말씀이다.

'품위있게 하라'는 존경을 받을 만큼 인품있게 행동하라는 뜻이다.
'질서있게 하라'는 흐트러지지 않도록 격식을 갖추라는 의미이다.
두 개의 행동지침은 하나님의 창조사역 원리에 부응한다.
여기에는 방언과 예언을 비롯한 모든 영적 활동이 포함된다.

품위와 질서는 성도의 올바른 신앙생활에 요구되는 기본자세이다.
그는 특히 방언과 예언의 행사에서 주관적,
자의적 행동에 빠지지 않도록 주의하여야 한다.
기독교인은 조화와 균형을 갖춤으로 인간의 아름다움을 구현한다.

"그런즉 믿음, 소망, 사랑, 이 세가지는 항상 있을 것인데 그중의 제일은 사랑이라."

(고전 13.13)

고린도전서 13장 1-13절은 '사랑의 아가'로 명명된다.

그것은 고귀한 언어형식으로 쓰여진 사랑의 칭송이다.
운문형식으로 쓰여진 숭고한 노래는
서신작가인 저자의 탁월한 시적 능력을 증거한다.

풍성한 문학적 표현으로 가득 찬 시작품은
신약성서에 제시된 가장 아름다운 사랑의 노래이다.
그것은 '노래중의 노래' 아가서에 비견된다.
풍성한 비유의 사용은 아가서 문체를 상기시킨다.

운문형식의 13행은 네 단계로 개진된다.
이와 같은 점층법에 의해 표제어 사랑의 서술이 목표에 도달한다.
첫 단계는 '…이 없으면 …이다'의 문장형식에 의거한 세행이다.
부정접속법 도식의 사용은 사랑의 본질의미를 부각시킨다

둘째 단계는 객관적 진술문에 의거한 다섯 행이다. (고전 7)
인칭화 주어 사랑의 다양한 행위는 '사랑은 …이다'로 표현된다.
이와 같은 문장도식은 행위의 현실성을 지시한다.
마지막 행에는 부족함이 없는 사랑의 완전함이 지적된다.

셋째 단계의 네 행에는 사랑의 완성이 종말의 차원에서 개진된다.
사랑의 종말적 인식은 현재와 대비하여 강조된다.
사랑의 진정한 의미와 가치는 마지막 구원의 시점에
하나님의 영광과 함께 분명하게 드러난다.

마지막 단계는 이제까지의 서술을 총괄하는 한행의 결론이다.
의미깊은 종결문을 통해 사랑은 최고의 위치로 승격된다.
경구형식 시행은 후세의 수용사에서 거듭하여 성찰된다.
여기에는 사랑의 위대함이 여러 방향으로 확대되어 관찰된다.

시를 시작하는 첫행은 완전한 비유문장이다. (13.1)
"내가 사람의 방언과 천사의 말을 할지라도
사랑이 없으면 소리나는 구리와 울리는 꽹과리가 되고."
사랑이 없는 '나'를 비유하는 두 개의 비유상 '소리나는 구리'와

'울리는 꽹과리'는 무익하고 방해가 되는 소음을 가리킨다.
첫행에서 '천사의 혀'로 비유된 방언이란 순간의 열정에 의한
기이한 발언으로 다른 사람이 알아듣지 못하는 말을 의미한다.
사랑이 없는 믿음이란 내용이 없는 껍데기에 불과하다.

'사랑의 아가'는 선행단락의 마지막에 지적된 '가장 큰 은사',
즉 '가장 좋은 길'의 제시에 연결되어 있다. (12.31)
열세행으로 구성된 찬가의 취지는 '가장 좋은 길'의 인식이다.
이와 같은 목적은 복합단락의 마지막에 이르러 실현된다.

다양한 사랑의 행위를 나열식으로 서술하는
중간단락의 내용은 마지막 행에서 요약된다. (13.8)
"사랑은 언제까지나 떨어지지 아니하되."

절대부정의 문장에는 사랑의 영원한 능력이 시사된다.

이어지는 네 행은 진전된 내용의 서술로 마지막 행을 예비한다.
전체의 핵심은 다음과 같이 정리될 수 있다.
사랑의 진정한 의미와 가치는 마지막 시점에
하나님의 영광과 함께 분명하게 드러난다.

두 부분으로 구성된 12행에는 '사랑의 인식'이 강조된다.
사랑의 이해는 '보다'와 '알다'에 근거를 두고 있다.
사랑의 개념은 시각과 인식의 행위를 통해 올바로 파악된다.
두 지각작용은 근본적으로 서로 연결되어 있다.

점진적으로 진행된 사랑의 찬미는 종말의 인식을 거쳐
목표에 도달한다. 그것은 하나의 문장으로 대언된다.
"그런즉 믿음, 소망, 사랑, 이 세가지는
항상 있을 것인데 그중의 제일은 사랑이라." (13.13)

위의 시행은 '사랑의 아가'를 각인하는 상징적 구절이다.
접속부사 '그런즉'으로 시작된 종결행은 두가지 사실을 지시한다.
첫째 믿음, 소망, 사랑의 세요소는 '항상 존재한다'.
원래의 본문에는 '항상 있다'의 주어인 '이 세가지'가 강조된다.

믿음, 소망, 사랑은 형제자매의 관계에 있다.

세 요소의 공존을 대언하는 상징은 닻의 십자가이다.
십자가는 믿음을, 닻은 희망을, 심장은 사랑을 지시한다.
복합형상의 중앙에 위치한 사랑은 전체를 묶어주는 고리이다.

둘째 나열된 세항목 가운데 마지막에 위치한 사랑에
최우선의 권리가 부여된다. 사랑이 '제1의' 자리로
승격한 것은 믿음과 소망의 결실이기 때문이다.
사랑은 모든것을 포용하는 최후의 승리자이다.

이와 같은 종국적 말씀에는 하나님의 사랑이 근저에 놓여있다.
찬가의 주제 사랑은 마지막에 이르러 절대사랑으로 귀결된다.
'사랑의 아가'는 우리 삶과 영혼을 새로운 지평으로
인도하는 위대한 하나님사랑의 칭송으로 종식된다.

"육의 몸으로 심고 신령한 몸으로 다시 살아나나니."

(고전 15.44)

부활의 장이라 불리는 고린도전서 15장은 부활복음의 총화이다.
무려 59절에 달하는 거대한 장은 그리스도의 부활(고전 1-11),
기독교인의 부활(12-34), 부활의 몸의(35-58) 세부분으로 구성된다.
첫째 단락은 부활의 사건에 관한 저자 자신의 증언이다.

이 부분은 15장 전체의 서술을 위한 기초가 된다.

둘째 단락은 당시의 고린도교구에 제기된 부활의 부인에 대한

반박이다. 여기에는 재림의 부활을 통해

종말의 시점에 이루어질 구원의 복음이 선포된다. (23-24).

둘째 단락의 초반에는 부활의 부인에 대한 반박이

과거사실에 반대되는 부정가정법 형식으로 진술된다. (15.19)

"만일 그리스도 안에서 우리가 바라는 것이 다만 이 세상의

삶 뿐이면 모든 사람가운데 우리가 더욱 불쌍한 자이리라."

만일 부활이 없었다면 사도의 증언은 거짓이며

믿음이란 한낱 가상에 불과하다.

이미 죽은 기독교인은 완전히 소멸할 것이며

살아있는 기독교인에게는 절망과 좌절만 남을 뿐이다.

새로운 부활의 몸을 서술하는 셋째 단락은 전체의 정상이다.

복합단락의 종반에는 부활의 승리에 대한 감사와

이에 따른 실천적 사역의 권면이 주어진다. (52-54)

부활의 복음에 관한 확신은 '주의 일'에 동참하는 원천적 동인이다.

부활이란 완전히 새로운 형태의 재탄생을 말한다.

빌립보 3장 21절에는 다음과 같이 언명된다.

"그는 우리의 낮은 몸을 자기 영광의 몸의

형체와 같이 변하게 하시리라."

명사구 '낮은 몸'은 현재의 낮음에 대한 표시로 이해된다.
우리의 몸은 고통과 한계에 종속되어 있다.
그러나 예수 그리스도는 소멸될 우리의 나약한 몸을
부활이후 갖게 될 자신의 몸처럼 영화롭게 변화시킨다.

부활의 몸에 관한 설명은 단락의 중간에 다음과 같이 요약된다.
"육의 몸으로 심고 신령한 몸으로 다시 살아나나니." (15.44)
15장 42-44절의 세 절은 부활의 의미를 대조법으로 서술한다.
'죽은자의 부활'은 땅에 뿌려진 씨앗이 썩어 없어짐으로써

썩지않고 살게되는 것과 같다.
씨앗이 썩는것은 '썩지않음'을 위한 전제이다.
이와 같은 역설의 논리는 마지막 절에서
육신의 몸에서 영의 몸으로의 변화로 정리된다.

육신의 몸은 자연적 생명에 종속된 물질적 육체이다.
이에반해 영의 몸은 하나님의 영에 의해 지배되는
신성한 육체이다. 부활의 몸은 사라지지 않는
영적 신체이며 영광과 권능에서 깨어난다. (15.43)

고린도전서 15장의 마지막 부분은 부활의 몸 서술을 통해

부활의 사건이 어떻게 이루어지는가를 명료하게 인식하게 한다.
특히 영의 몸은 부활의 변화가 완전히 새로운 것임을 강조한다.
우리는 올바른 부활신앙으로 세상을 이기는 기쁨의 삶을 살아야한다.

"땅에 있는 우리의 장막집이 무너지면 하늘에 있는 영원한 집이 우리에게 있는 줄 아느니라."

(고후 5.1)

사도바울은 고린도후서 5장의 첫단락에서
앞으로 닥쳐올 죽음에 관하여 깊히 사고한다. (고후 5.1-10)
그는 자신의 죽음과의 진지한 논쟁을 통해
미래의 기대에 관한 소망과 위로를 얻는다.

열절의 단락에 다루어진 내용은 하늘의 고향을 향한 동경이다.
히브리서 11장에는 영원한 본향으로의 귀환이 지적된다. (히 11.6)
"저희가 이제는 더나은 본향을 사모하니 곧 하늘에 있는 것이라."
명사구 '더나은 본향'은 지상에서 보다 좋은 천상의 나라를 가리킨다.

종말의 정감을 자아내는 의미있는 주제의 개진을 위해
집과 거주, 옷입기와 덧입기와 같은 고유의 은유가 도입된다.
거듭하여 사용된 모티브 집은 몸을 지시하는 비유어이다.
의복은유에 속하는 덧입기는 '벌거벗음'에 대립된다.

복합단락 초반에 해당하는 네 절은 전체의 중심이다.
단락의 도입문 '우리는 알고 있다'는
이어지는 내용이 하나님의 계시임을 지시한다.
신비의 계시는 다음과 같이 표현된다.

"땅에 있는 우리의 장막집이 무너지면 하늘에 있는
영원한 집이 우리에게 있는 줄 아느니라." (고후 5.1)
두 행은 조건문과 결과를 지시하는 진술문으로 구성되어 있다.
'땅의 장막'은 이스라엘 광야시기를 암시하는 무상함의 상징이다.

이에 반해 영원한 하늘의 집은 하나님 자신에 의해
지어진 하늘의 거처이다. 고귀한 천상비유는 단락의 주제인
천상의 고향을 지시한다. 단락의 전체내용을 대언하는
도입절은 대립구조에 의거하여 기술된다.

땅과 하늘, 장막집과 하늘의 집, 임시와 영원은 서로 대조된다.
세 개의 쌍개념은 서로 연결되어 있다.
대립되는 두 범주 사이에는 해소될 수 없는 거리가 존재한다.
첫절의 서술방향은 영원한 하늘의 장막집을 지향하고 있다.

다음 절은 덧입기의 요구를 강조하는 중요한 부분이다.
우리가 탄식하며 하늘에 있는 우리거처로
덧입기를 사모한다는 진술한 고백이다. (5.2)

이것은 우리가 '벌거벗은 채' 발견되지 않기 위함이다.

자동사 '탄식하다'는 애통의 심정으로 기도하다를 뜻한다.
옷입기 모티브에 연관된 중심비유 덧입기는
'죽음이 삼켜지기 전에'(5.4) 하늘의 몸을
얻도록 예수님의 오심을 체험하는 것을 의미한다.

다시 말해 죽음을 준비하는 몸의 변화를 지시한다.
몸의 모티브는 이미 고린도전서 15장에서 '부활의 몸'으로 등장한다.
사도바울은 새로운 몸을 가져오는 덧입기 비유를 통해
인간의 죽음에 앞서 이루어져야 할 일을 인상적으로 표현한다.

이어지는 여섯 절은 앞의 네 절에 관한 보충설명이다. (5.5-10)
5장 8절에는 주님의 집에 함께 머무르고 싶은 소망이 간구된다.
우리가 '몸으로 있든지 떠나든지'는 주님이 오실 때에
우리가 살아있든지 이미 죽었든지를 의미한다. (5.9)

기독교인의 목표는 주님을 기쁘게하는 자가 되는 것이다.
마지막 절은 이제까지의 서술을 정리하는 결론부이다.
여기에는 하늘의 집에 거주하기 위한 예비단계가 서술된다.
그것은 마지막 때에 이루어질 정의로운 심판의 내용이다.

"이는 우리가 다 반드시 그리스도의 심판대

앞에 나타나게 되어 각각 선악간에 그몸으로
행한 것을 따라 받으려 함이라." (5.10)
그리스도의 심판대는 하나님의 심판대이다.

그리스도의 구원으로 인해 그리스도안에 있는
자에게는 심판날의 두려움이 소멸된다.
심판의 결과는 기독교인의 삶의 가치에 따라 정해진다.
무엇이 선하며 무엇이 악한가 하는 것이 드러난다.

고린도서에서 가장 난해한 대목으로 여겨지는
고린도후서 5장 도입부는 하늘고향을 향한 동경을
몸의 변화를 지시하는 덧입기의 은유를 통해
수사적으로 표현한 심오한 성찰의 고백이다.

**"그런즉 누구든지 그리스도 안에 있으면 새로운 피조물이라. 이전 것
은 지나갔으니 보라 새것이 되었도다."**

(고후 5.17)

새로운 창조는(creatio nova) 바울서신의 중요한 주제이다.
이미 천지창조 사역에 제시된 의미있는 명제는
예언자를 통해 선언된 하나님의 약속이
그리스도에 의해 이루어지는 종국적 구원의 상징이다.

이런 점에서 바울신학 구원론의 기초로 인정된다.

여기에는 유대초기의 전통사, 특히 묵시문서가 중요한 역할을 한다.

이사야 65장 17절에 의미있게 예언된

새하늘과 새땅의 창조는 요한계시록 종결환상에서 실현된다.

여덟절의 단락에는 새하늘과 새땅의 창조가

종말의 원역사라는 문맥에서 기술된다(계 21.1-8).

세계역사는 종말의 시점에 새로이 출발한다.

이것은 새로운 에온의(aion) 시작이라 할 수 있다.

갈라디아서 종결부에는 새로운 '지음'이

십자가복음과 연관하여 특별한 방식으로 서술된다.

"할례나 무할례가 아무것도 아니로되

오직 새로이 지으심을 받는 것 만이 중요하니라"(갈 6.15).

종교예식의 외적 표시는 아무런 문제가 되지 않는다.

중요한 것은 인간의 영적 재탄생을 지시하는 새로운 창조이다.

영적 재탄생은 영적 죽음의 상태에서 영적 새생명으로의 이동이다.

니고데모의 대화에는 이것이 '거듭남'의 개념으로 표현된다.

바울서신에서 새로운 창조의 사고가 가장 탁월하게 표현된 곳은

화해의 복음가를 서술하는 고린도후서 후반단락 서두의 한 절이다.

"그런즉 누구든지 그리스도 안에 있으면 새로운 피조물이라.

이전 것은 지나갔으니 보라 새것이 되었도다." (고후 5.17)

동일한 내용을 지시하는 두 문장에서 앞의 문장을 시작하는
결과의 접속부사 '그런즉'은 선행문장에 연결된다. (5.16)
여기에는 우리가 더 이상 그리스도를 육으로 알지 않는다고 지적된다.
다시말해 예수 그리스도의 새로운 영적 인식에 관계된다.

이어지는 선언문은 '그리스도 안에서'(en Christus)
이루어지는 삶과 믿음의 새로운 변화를 강조한다.
바울이 선호한 어법도식 '그리스도 안에'는
예수님과의 밀접한 믿음의 일치를 지시한다.

다음 문장은 새로운 것으로의 변화를 지적한다.
현재완료형 동사의 서술부 '새것이 되었도다'는
지나간 것이 새로운 것에 의해 완전하게 대체되었다는 뜻이다.
복합문장 중간에 삽입된 감탄의 명령동사 '보라'는

발언자의 마음속에서 진정으로 우러나온 자연적 감동의 표시이다.
즉 서술자 자신이 새로이 변화되었다는 자전적 고백이다.
기독교인을 박해하던 사울은 다마스커스 도상에서 극적으로
부활의 예수님을 만난 후 기독교복음의 선구자로 변화된다.

두 문장의 내용을 대언하는 상징어는 '새로운 피조물'이다.

라틴어 'nova creatura'로 표기되는 명사구는
옛 피조물과 달리 창조주 하나님의 말씀안에 머무르는 존재이다.
실존적으로 말하면 인간존재와 삶의 '새로운 출발'을 의미한다.

여기에서 출발은 단순한 시작이 아니라
완전한 질적 변화로의 진입을 지시한다.
'새로운 출발'은 죄의 인간이 과거의 질곡에서 벗어나
생명의 구원으로 나가는 삶과 신앙의 시작을 의미한다.

그것은 지나간 삶을 철저하게 분쇄하는 획기적 실존의 요청이다.
여기에 바울이 거듭하여 강조한 '새로움'의 참된 의미가 있다.
새로운 창조의 요구는 에베소서 4장 17-24절에도 발견된다.
여덟절 단락에는 옛사람과 대조되는 새사람의 변화가 강조된다.

이 근본적 변화는 두가지 방향으로 서술된다.
부정의 측면에는 이방인의 허망을 버리는 것이다.
이방인의 허망은 총명이 어두워지고 생명에서 떠나는 것을 의미한다.
긍정의 측면에는 '심령이 새로워지는' 것이다. (엡 4.23-24)

"오직 너희의 심령이 새롭게 되어 하나님을 따라
의와 진리의 거룩함으로 지으심을 받은 새사람을 입으라."
복합명령문에는 두가지 사실이 지적된다.
하나는 '내면의 성령이' 새로워지는 것이고

다른 하나는 하나님을 따라 '새사람의 옷을 입는' 것이다.
이것은 인간창조 원리인 '하나님 동형상'의 완전한 회복이다.
'참된 의와 거룩함'은 인간을 창조한 하나님의 속성이다.
'새사람의 옷을 입는' 것은 옛사람의 상태를 완전히 버리는 것이다.

바울이 자신의 문서에 거듭하여 강조한 '새로운 피조물'의
요구는 기독교인을 획기적 결단의 삶으로 유도한다.
우리는 죄와 오류로 가득 찬 어제의 삶을 과감히 청산하고
'그리스도 안에서' 새로운 존재로 변화되어야 한다.

"이는 내가 약한 그때에 강함이라."

(고후 12.10)

사도바울은 고린도후서 12장 서두에서 적대자들이 과시하는
자기자랑의 허풍에 맞서 스스로의 경험을 토로한다. (고후 12.1-4)
네 절의 단락은 주님의 계시와 바울의 약함을
기술하는 첫째 단락의(12.1-10) 도입부이다.

하나님은 자신에게 주어진 환상체험으로 인해 바울이
자만에 빠지지 않도록 특별히 '육체의 가시'를 부여한다. (12.7)
비유어 '육체의 가시'는 정확한 의미를 파악하기 어렵다.
문자상으로는 예리한 '막대'의 구타에 의한 통증을 지시한다.

폐부를 찌르는 아픔은 동시에 영적 고통을 의미한다.
한마디로 극복하기 어려운 신체와 정신의 질병을 가리킨다.
외적으로는 바울에게 가해지는 적대자의 예리한 공격에 관계된다.
넓게 보면 두가지 사실을 다 포함한다 할 수 있다.

저자는 견디기 힘든 '육체의 가시'를 제거하기 위해
세 차례나 주님에게 기도로 간구하였다고 고백한다.
주님은 "내능력이 약한데서 온전하여진다"고 응답한다. (12.9)
때문에 주님의 능력이 머물도록 자신의 약함을 자랑한다.

또한 그리스도로 인해 약함, 능욕, 궁핍,
박해, 곤고에서 용기를 얻는다고 증언한다.
"이는 내가 약한 그때에 강함이라." (12.10)
간결한 선언은 신비의 간증으로 시작된 단락의 결론이다.

'약함'과 병행의 대조를 이루는 '강함'은 하나님의
능력이 그 무엇에 의해 제압당할 수 없음을 의미한다.
바울은 하나님의 능력을 확신하기 때문에
극도의 어려움 가운데에서 결코 좌절하지 않는다.

'약함의 강함'은 '강함의 약함'과 같은 차원위에 있다.
약함은 강함으로 변화될 수 있는 잠재력을 지닌다.
강함은 약함의 인식과 체험에서 생성된다.

두 요소는 근원과 생성에서 서로 연관되어 있다.

역설의 진리 '약함의 강함'은 권면의 맺음말에
속하는 다음장 서두에서 그리스도 십자가로 전이된다.
"그리스도께서 약하심으로 십자가에
못박히셨으나 하나님의 능력으로 살아계시니." (13.4)

예수님은 한 인간으로 육체의 약함에 종속되어 있다.
그는 십자가위에서 온갖 고초를 당하며 하나님에게 부르짖는다.
그러나 대속의 죽음을 통해 하나님의 강함을 구현한다.
십자가와 부활은 약함과 강함의 역전을 보여주는 위대한 증거이다.

바울이 고백한 역전의 진리 '약함의 강함'은
고통받는 인간을 위로하는 소망의 메시지이다.
그는 극도로 심신이 쇠약해진 절망의 순간에 오히려
깊은 내면에서 생성되는 강한 정신력에 의해 움직인다.

"우리는 여종의 자녀가 아니요, 자유있는 여자의 자녀이라."

(갈 4.31)

사도바울의 기본서신에 해당하는 로마서와
갈라디아서는 율법과 영의 대립관계에서 출발한다.

이와 같은 이분구도는 갈라디아서에서 심오한 율법해석으로 나타난다. 스스로 '비유'라고 칭한 4장 21-31절은 알레고리 해석의 모형이다.

아브라함의 두 부인 하갈과 사라에서 태어난 이스마엘과
이삭은 각기 노예의 아들과 자유여인의 아들로 규정한다.
하나는 율법의 지배아래 있는 시내산 동맹이고 다른 하나는
영원한 생명이 지배하는 시온산의 예루살렘 동맹이다.

핍박의 대상인 기독교인은 정통의 후예인 후자에 속한다.
서로 대조되는 구약의 두인물은 육체와 약속의 알레고리이다.
이와 같은 대립구도는 마지막 절에서 종과 자유의 관계로 정리된다.
"우리는 여종의 자녀가 아니요, 자유있는 여자의 자녀이라." (갈 4.31)

위의 종결문은 복수일인칭 주어 '우리'의 상황을 지시한다.
'우리'는 갈라디아 기독교인 처럼 자유의 자녀에 속한다.
노예의 아들 이스마엘이 아니라 하나님의 약속으로
태어난 자유여인의 아들 이삭의 후예이다.

바울에 의해 제시된 하갈과 사라의 알레고리는
두여인과 그들의 아들을 산으로 비교한다.
하가와 이스마엘은 율법에 해당하는 시내산이고
사라와 이삭은 복음에 연관된 천상의 예루살렘 시온산이다.

바울의 비유상에는 종과 자유의 두 범주가 존재한다.

이스마엘은 노예의 아들인데 반해 이삭은 자유롭게 태어난 자이다.

기독교인은 자유롭게 태어난 이삭의 자녀이다.

이것이 양극의 방향으로 전개된 알레고리 서술의 중심이다.

옛언약의 대결에서 새로운 언약을 유도하는

바울의 논증은 그의 신학체계를 형성하는 토대이다.

이것은 예수님설교의 계승이며 준용이다. 예수님이 최초의

구약해석가라면 바울은 그를 이어받는 최초의 기독교 이론가이다.

바울의 알레고리 서술은 후세의 해석이론에서 예형해석을 형성한다.

바울설교와 강론의 적지않은 부분이 예형론으로(typology) 설명된다.

예형론의 개념은 바울서신에 이미 예시된다.

고린도전서 10장에는 올바른 성만찬의 의미를 설명하기 위해

출애굽 시기의 잘못된 선례가 동원된다. (고전 10.1-22)

그것은 이스라엘 민족이 모세의 인도로 홍해를

건널 때 보여준 불신앙의 세례와 식사이다.

이 사실은 두곳에서 특정한 단어 '본보기'로 직접 표현된다.

특히 복합단락의 중간절은 그 의미를 구체적으로 제시한다.

"그들에게 일어난 이런 일은 본보기가 되고 또한 말세를

만난 우리를 깨우치기 위하여 기록되었느니라." (10.11)

두 부분으로 구성된 문장의 전반에서 '본보기'로 번역된

그리스어 명사 'typikos'는 어떤것을 각인하는 원래의 표본을 뜻한다.
여기에서 연관된 학문개념 예형이 파생한다.
예형은 알레고리 처럼 숨겨진 의미를 '깨우치는데' 기여한다.
그러나 이미 주어진 '전신'과의 대치를 통해 새로운 의미를 창출한다.

"내가 내몸에 예수의 흔적을 지니고 있노라."

(갈 6.17)

갈라디아서는 바울서신 가운데 저자의 주체성이 강한 문서이다.
적지않은 진술문이 일인칭단수 주어 '나'에 의해 인도된다.
자아의 감정과 느낌을 솔직하게 표현하는 문장이 거듭하여 등장한다.
이와 같은 저자의 집필자세는 독자의 내면에 직접 작용한다.

진솔한 자아고백 형식의 서술은
서신에 개진된 참신한 이론에 근거한다.
주로 종결부에 다루어진 본론의 중심은
제5장 전반을 구성하는 자유의 소명이다. (갈 5.1-15)

열다섯 절에 걸친 단락은 믿음의 자유와(5.1-12)
올바른 자유사용의(5.13-15) 두 부분으로 구성된다.

두 단락의 도입부는 병행형식으로 기술된 이행구문이다.
제1부의 첫절은 새로운 출발을 지시하는 명령문이다.

"그리스도께서 우리를 자유롭게 하려고 자유를 주셨으니
그러므로 굳건하게 서서 다시는 종의 멍에를 메지말라." (5.1)
첫문장은 주제어 자유의 언어유희, 즉 동일어의 중첩사용이다.
이와 같은 어법은 자유의 개념을 강화한다.

멍에는 성서에서 직무와 종의 속성을 나타내는 상징이다.
'종의 멍에를 메지않는' 것은 완전하게 자유로워지는 것을 의미한다.
예수 그리스도의 믿음은 낡은 율법의 준수를 폐기한다.
율법과 육체의 구속에서 벗어나는 영적 자유로의 귀의이다.

세 절로 제한된 제2부의 출발점은 자유의 부름이다.
"너희가 자유를 위하여 부름을 입었으나." (5.13)
자유는 도덕적으로 올바른 방식으로 사용되어야 한다.
진정한 자유는 육체의 행위를 위한 구실로 오용되어서는 않된다.

이어지는 단락은 육과 영사이의 긴장을 다룬다. (5.16-26)
즉 영의 삶과 율법의 삶 사이의 대립이다.
논증적 서술의 종반에는 기독교인이
그리스도와 함께 이미 십자가에 못박힌 사실이 지적된다.

"그리스도 예수의 사람들은 육체와 함께

그 정욕과 탐심을 십자가에 못박았느니라." (5.24)

'십자가의 못박음'은 육체의 자유와 방종에 기인하는

'정욕과 탐심'을 제거하는 능력으로 규정된다.

위의 선언문에는 육의 힘이 십자가권능에

의해 철저하게 와해된 사실이 강조된다.

"십자가에 못박는다"는 구문은 이미 문서의 초반에 발견된다.

"내가 그리스도와 함께 십자가에 못박혔나니." (2.20)

위의 고백문에는 율법의 소멸에 의한 새로운 은혜의 삶이 강조된다.

이와 같은 고백은 문서전체의 줄거리를 인도한다.

여기에 사용된 '십자가의 못박힘'은 5장에서 더욱 강한 뉴앙스로

발전한다. 그리고 다음장인 6장 14절에 또다시 등장한다

6장 11-18절은 독자적 결론에 해당하는 서신의 종결부이다.

이 부분은 바울서신에 나오는 가장 기다란 결론단락이다.

저자는 자신의 의도를 강조하는 여덟절 단락에서

진정한 구원이 십자가에서 온다는 사실을 상기시킨다.

종결부의 서두에는 '십자가의 못박힘'에 따른

세상과의 완전한 단절이 강조된다. (6.14)

"그리스도로 말미암아 세상이 나를 대하여 십자가에 못박히고."

그리스도의 죽음으로 인해 세상 역시 죽음에 처해진다.

이어지는 절에는 할례나 무할례와 같은 전통적 종교의식의
이행이 아니라 '새로운 창조', 즉 인간의 영적 재창조가
중요하다는 사실이 강조된다. (6.15) 이것은 고린도후서
5장 17절을 각인하는 새로운 피조물 착상과 통한다.

종결부의 결어는 이제까지 제시된 자기고백의 총화이다.
"내가 내몸에 예수의 흔적을 지니고 있노라". (6.17)
위의 선언문에는 미래의 일을 지시하는 명령문이 선행한다.
"이후로는 누구든지 나를 괴롭게 하지 말라." (6.16)

격정의 감정이 동반된 명령문에서 저자는 스스로 겪은 고난을
근거로 이제까지 자신에게 주어진 박해의 자제를 요청하고 있다.
이처럼 강한 호소의 청원은 다른 바울서신에 발견하기 힘든 내용이다.
갈라디아서에는 약동하는 저자의 내면적 심경이 숨김없이 표현된다.

매우 인상적으로 서술된 자아고백 문장은
저자의 그리스도 헌신에 대한 증거이다.
일인칭단수 주어가 반복된 비유문에는
나의 존재가 예수님과의 관계에서 새로이 설정된다.

문장의 중심어 '흔적'은(stigma) '십자가의 못'을 연상시킨다.

못질의 행위에서 남겨진 자국은 낙인을 뜻한다.
즉 불에 달군 쇠도장을 찍은 표식이다.
한마디로 그리스도의 소유를 나타내는 확실한 징표이다.

십자가낙인은 기독교인을 죄의 구속에서 해방하는 결정적 매체이다.
따라서 그리스도를 따르는 자의 몸에는 십자가낙인이 존재한다.
이 확실한 표식을 신체에 지닌 자는 자기를 위해 십자가에 못박힌
그리스도를 위해 모든 것을 바치는 헌신의 삶을 살게 된다.

"하나님 곧 우리 주 예수 그리스도의 아버지께서 그리스도 안에서 하나님에 속한 모든 신령한 복을 우리에게 주시되."

(엡 1.3)

에베소서는 형식과 내용에서 깊히의 풍요를 구현한다.
서신의 서두를 장식하는 찬가와 기도는 그 증거이다.
문서의 저자는 시적 표현력을 소유한 바울의 제자권에 속한다.
그는 바울서신의 내용과 문체에 정통한 제2의 서신작가이다.

서신에 구사된 문체의 고유성은 다른 바울서신과 차이를 보인다.
동의어의 반복, 유사한 단어의 연결, '모든'을 뜻하는
그리스어 'pas'의 잦은 사용, 긴 문장이 자주 발견된다.
기다란 문장의 사용은 서술된 내용의 의미에 부합한다.

고별인사에 선행하는 기독교인의 '무장'에 관한
경고의 단락은 은유연쇄에 의해 각인된다. (엡 6.10-20)
여기에는 '진리의 허리띠', '의의 호심경(갑옷)', '복음의 신발',
'믿음의 방패', '구원의 투구', '성령의 칼'의 2격 명사구가 사용된다.

신체와 영을 포괄하는 여섯 개의 비유어는
모두 용감한 투사의 방어를 위한 도구이다.
영적 전쟁의 수행에는 그리스도의 부활과 승천으로 이미
얻어진 하나님의 종국적 승리를 향한 '믿음의 방패'가 중요하다.

서신의 언어사용을 규정하는 특징은 비범한 장엄함이다.
이와 같은 성향은 특히 찬가와 기도에서 두드러진다.
에베소서는 히브리서와 함께 운문서신 계열에 소속된다.
히브리서의 서두는 에베소서 처럼 찬가로 장식된다.

찬가의 유형은 에베소서의 처음, 중간, 마지막을 규정한다.
하나님의 구원계획을 칭송하는 도입부(1.3-14),
교구를 위한 사도의 기도(3.14-19),
종반의 부활영광 찬가가(5.14) 여기에 속한다.

도입찬가는 세편의 찬가가운데 가장 기다란 버전이다.
열두 절 단락에는 세차례 후렴
"은혜의 영광을 찬송하게 하다"가 동반된다. (1.6,1.12,1.14)

이로인해 영광의 칭송이 전면에 부각된다.

찬가의 구성은 세개의 후렴을 기점으로
세개의 단위로 균등하게 분할된다.
제1부에 해당하는 네 절은 하나님의 선택(1.3-6),
제2부의 네 절은 '그리스도 안에서' 실현된 하나님의 계획(1.7-10),

제3부에 속한 네 절은 성령의 활동을(1.11-14) 서술한다.
3원적 구성방식에 의거한 찬가의 내용은 다음과 같이 정리된다.
우리의 구원은 성부, 성자, 성령의
삼위일체 하나님에 인해 완전하게 실현된다.

찬가를 열어주는 서두는 네 행의 송영이다.
"찬송하리로다/ 하나님 곧 우리 주 예수 그리스도의
아버지께서/ 그리스도 안에서 하나님에 속한/
모든 신령한 복을 우리에게 주시되." (1.3)

저자는 '예수 그리스도의 아버지' 하나님이
'그리스도 안에서' 모든 영적 축복을 사랑하는 자에게
베푸셨다고 칭송한다. '그리스도 안에서'는 저자가 선호하는
표현도식이다. 빌립보서에는 유사구문 '주안에서'가 등장한다.

우리는 우리가 처한 상황과 관계없이 이미

하나님으로 부터 커다란 축복을 받은 자이다.

이것은 그 무엇과 비교할 수 없는 귀중한 은혜이다.

그럼에도 불구하고 우리는 이 사실을 망각하고 미망속에 살아간다.

영적 축복의 내용이 무엇인지는 다음 절에 밝혀진다. (1.4)

즉 하나님이 창세전에 '그리스도 안에서' 우리를 선택한 사실이다.

이것이 자주 논의되는 구원의 선택의 비밀이다.

창세전에 선택받은 우리는 하나님권능의 손길에서 쉼을 얻을 수 있다.

다음 단락에는 그리스도영광의 기도가 제시된다. (1.16-19)

찬가에 이어진 기도는 바울서신의 범위에서 제시된 가장 아름다운

기도의 하나이다. 감사의 표현이 선행된 네 절의 기도에는

영광의 아버지가 지혜와 계시의 영을 우리에게 부여하여

하나님을 아는 지식을 소유하게 하고

우리가 부르심의 소망, 영광의 풍성,

그리스도의 거대한 능력을 인식할 수 있도록

하나님이 '마음의 눈'을 밝혀주었다고 증언된다.

제2장의 첫단락에는 신앙의 중심을 형성하는

구원의 문제가 깊히있게 다루어진다. (2.1-10)

단락의 서두에는 허물과 죄로 죽은 우리 존재의 실상이 고발된다.

우리는 '공중권세 잡은자'에 의해 지배되는 불순종의 아들이다.

이와 같은 사실은 긍휼의 하나님사랑에 의해 역전된다. (2.4)
그는 '그리스도와 함께 우리를 살리시고 또 함께 일으키사
그리스도 안에서 하늘에 앉히신' 자비의 하나님이다. (2.5-6)
이것은 총체적 구원을 지시하는 성화와 영광의 서술이다.

단락의 종반에는 믿음을 통한 은혜의 구원이 하나님의 선물로
규정된다. (2.8) 구원은 오로지 하나님으로 부터 온다.
따라서 우리는 구원을 자랑하지 말고 겸손으로 받아들여야 한다.
구원받은 우리는 그리스도 안에서 창조된 선한 작품이다.

3장의 찬가는 주님의 마음에 합당한 청원의 기도이다. (3.14-19)
그리스도의 비밀을 인식하게한 1장의 기도에 이어진 둘째 기도이다.
중심내용은 하나님이 영광의 풍성함에 따라 우리에게 힘을 주시고
우리 속사람을 성령의 힘으로 강건하게 해달라는 것이다. (3.16)

겉사람과 대조되는 헬라식 용어 '속사람'은 마음의 중심을 의미한다.
동일한 단어가 세편의 바울서신에 등장한다.
고린도후서 4장 16절은 '우리 속사람이 날로 새로워진다'고 선언한다.
마지막 행은 하나님의 충만이 우리에게 충만하기를 기원한다. (3.19)

빛의 삶을 다루는 제5장 중간부의 마지막에는
운율적으로 구성된 간결한 찬가가 등장한다.
여기에는 '그러므로 이르시기를' 이라는 서문이 선행된다.

출처가 불분명한 구문은 '그러므로 다음과 같다'로 읽을 수 있다.

"잠자는 자여
깨어서 죽은자들 가운데서 일어나라.
그리스도께서 너에게 비추이시리라." (5.14)
세행의 시구는 죽은자의 '깨어 일어남'을 송축한다.

숭고한 축송의 배경은 후세교회에서
'빛의 비춤'으로 인식된 세례예식이다.
강한 호출의 시구는 죄의 죽음에서 깨어난 자에게
비쳐오는 그리스도의 빛을 노래한다.

이것은 살아있는 주님과 함께하는 부활의 사건이다.
예수 그리스도는 다시 일어난 자에게 생명의 빛을 선사한다.
그리스도의 빛은 영원한 생명으로 우리에게 비쳐온다.
부활의 기쁨을 지시하는 시구는 그리스도 영광의 계시로 종식된다.

"모든 것 위에 믿음의 방패를 가지고."

(엡 6.16)

에베소서에는 고별 인사말과 축원이 주어지기 전에
매우 귀중하고 강력한 경고가 주어진다. (엡 6.1-10)

6장의 첫단락은 '주안에서 강건하라'는 마지막 격려로 시작된다.
이어서 "하나님의 전신갑주를 입으라"는 명령이 제시된다. (6.11)

한문용어 전신갑주는 '영적 완전무장'을 가리킨다.
열절의 단락에는 처음으로 전쟁과 군사용어가 사용된다.
기독교인의 삶은 하나님과 마귀의 권세 사이의
제3지대에서 벌어지는 심각한 투쟁이다.

그는 마귀에 간계에 대적하는 하나님과 연합하여
하나님에게 소속된 무기를 소지하도록 부름받는다.
'비방자'로 통하는 마귀는 교회와 성도의 적이 된다.
기독교인은 자신에게 주어진 힘과 능력으로 마귀를 물리쳐야 한다.

공동의 적인 마귀와의 싸움은 육과 피, 즉 인간의 힘과의
대적이 아니라 강하고 힘센 것, 어둠을 지배하는
세계의 군주, 하늘아래 악령과의 투쟁이다. (6.12)
여기에는 지상에서 활동하는 악의 계열질서가 반영되어 있다.

강력한 힘과 권세를 소유한 악령과의 전쟁에서
승리하기 위해서는 완전무결한 대응방법이 요구된다.
그 구체적 내용은 비유형식으로 표현된 6개의 도구로 대언된다.
즉 진리의 허리띠, 의의 갑옷, 복음의 신발,

구원의 투구, 신앙의 방패, 성령의 칼이다.
성령의 칼은 하나님의 말씀을 가리킨다.
이들은 머리에서 가슴과 허리를 거쳐
발에 이르는 전신무장을 완성한다.

신체와 영을 포괄하는 2격 명사구는
모두 용감한 투사의 방어를 위한 무기이다.
갑옷, 투구, 방패. 칼은 그가 소지해야 할 필수품이다.
이와 같은 무기는 의, 구원, 믿음, 성령을 중재하는 수단이다.

영적 전쟁의 수행에는 그리스도의 부활과 승천으로
이미 획득된 하나님의 종국적 승리를 향한
'믿음의 방패'가 중요한 역할을 한다.
'믿음의 방패'는 모든 무기를 총괄하는 영적 권능이다.

"모든 것 위에 믿음의 방패를 가지고 이로써
능히 악한자의 모든 불화살을 소멸하고." (6.16)
복합진술문에는 부사구 "모든 것 위에',
즉 '무엇보다 먼저'가 선행되어 있다.

이것은 '믿음의 방패'가 다른 무기에 우선함을 지시한다.
'믿음의 방패'는 악한자의 '불화살'을 무력화시키는 요소이다.
비유어 '불의 화살'은 죽음을 가져오는 공포의 무기이다.

방패는 여기에서 마귀의 공격을 물리치는 수단으로 고양된다.

단락의 종반에는 여섯 개 항목에 이어
기도와 간구의 필요성이 강조된다. (6.18-19)
성령의 기도는 영적 전신무장을 포괄하는 마지막 요소이다.
기독교인의 기도에 영감을 부여하는 요소는 성령이다.

성령기도의 내용은 '깨어있음'의 부름과 복음비밀의 선포이다.
'깨움'의 외침은 군인의 무장을 위한 전제이다.
기도의 힘은 복음의 비밀을 선포할 수 있도록 인도한다.
저자는 영적 무장에서 '신앙의 방패'와 함께 성령의 기도를 강조한다.

"주안에서 항상 기뻐하라. 내가 다시 말하노니 기뻐하라."
(빌 4.4)

빌립보서는 바울이 감옥에 갇혀 집필한 옥중서신이다.
여기에는 극단상황에 처한 사도의 진실성과 순전함이 배여있다.
서신에 암시된 구금생활로 보아 로마감옥에서 쓰여진 것으로 보인다.
사도는 로마에서 빌립보교구의 분렬소식을 접하고 서신을 보낸다.

서신의 서두에는 사도가 극도의 위험한 경지에 처해있다는
사실이 강하게 암시된다. 제1장 후반에는 속박의 표현도식

'나의 매임'이 세차례에 걸쳐 사용된다. (빌 1.7,13,14)
여기에서 명사 '매임'은 구금 혹은 구속을 의미한다.

사도의 상황을 서술하는 단락의 서두에는 (1.12-14)
투옥사건이 두가지 이유에서 이득으로 설명된다.
첫째 그가 그리스도로 인해 구금된 것은 복음을 알리는 기회가 된다.
둘째 그와 함께 있던 기독교인은 말씀을 전할 용기를 얻는다.

문서전체의 구성은 두 개의 '봉우리'에 의해 규정된다.
하나는 운문으로 작성된 '그리스도 찬가'이고(2.6-11),
다른 하나는 '믿음의 정당화에 관한 복음'이다(3.1-11).
서로 병행하는 두 부분은 하나로 연결하여 읽을 수 있다.

여섯 행으로 구성된 '그리스도 찬가'의 처음 세헹은
하나님의 본성을 지닌 그리스도의 자기비하 겸손과
이로인한 하나님의 '높힘'을 송축한다. 가장 높은
하나님의 아들이 가장 낮아짐으로써 하나님에게 영광을 돌린다(2.11).

제3장을 열어주는 첫절은 저자의 집필자세를 대언한다.
"나의 형제들아 주안에서 기뻐하라." (3.1)
간결한 명령문은 기독교인이 추구해야 할
영적 삶의 목표를 명료하게 제시한다.

그것은 '그리스도 안에서' 주어지는 내면의 기쁨이다.

명사 기쁨과 동사 기뻐하다는 문서에 16회나 등장한다.

빌립보서는 기본성격에서 '기쁨의 찬가'라 할 수 있다.

특히 마지막 4장의 첫단락은 기쁨의 일치를 강조하는 대목이다.

여기에서 기쁨은 단순한 즐거움이나 만족이 아니라

모든 어려움을 이겨내는 영적 힘이다.

즉 천상에서 주어지는 은혜의 선물이다.

단락의 서두에는 기쁨의 부름이 더욱 강하게 울려나온다.

"주안에서 항상 기뻐하라. 내가 다시 말하노니 기뻐하라." (4.4)

이중의 반복문에는 기쁨의 촉구가 최고단계로 강화된다.

'주안에서의 기쁨'은 주님과 연합하는 것,

즉 하나가 되어 주님의 뜻을 실현하는 것이다.

4장 6절은 '기쁨과 기도의 부름'을 서술하는 단락의 에센스이다.

"아무것도 염려하지 말고 다만 모든일에 기도와 간구로,

너희 구할 것을 감사함으로 하나님께 아뢰라."

언뜻 과도하게 생각되는 명령은 선행하는 절에서 이해된다. (4.5)

"너희 관용을 모든 사람에게 알게하라.

주께서 가까우시니라."

'너희'에게 소속된 관용은 하나님의 성품이다.

기독교인은 모든 사람에게 하나님의 관용을 보여주어야 한다.

이와 같은 자세는 주님이 '가까이' 와있다는 인식에 기인한다.
주님이 '나와 함께할 때' 세상의 모든 염려는 사라진다.
따라서 '감사의 마음으로' 내가 원하는 것을
하나님에게 간절히 청원할 수 있다.

감사의 행위는 모든 기도의 선행조건이다.
감사는 환경조건에 의존하는 상황의 열매가 아니라
올바른 믿음에 근거하는 근원의 요소이다.
여기에 바울이 제시한 감사의 비밀이 있다.

기독교인의 삶에는 두려움을 가져오는 근심이 자리할 공간이 없다.
모든 어려운 일에 기도가 가능하기 때문이다.
기도가 근심의 자리로 들어오는 곳에
모든 인간의 생각을 뛰어넘는 기쁨의 은혜가 나타난다.

4장 6절을 이어받는 후속절은 전체의 결론이다. (4.7)
"그리하면 모든 지각에 뛰어난 하나님의 평강이
그리스도 예수안에서 너희 마음과 생각을 지키시리라."
서두의 접속부사 '그리하면'은 앞절에서 유도된 결과를 지시한다.

하나님을 수식하는 구문 '모든 지각에 뛰어난'에서

추상명사 지각은 이성 혹은 이해를 의미한다.

하나님은 인간의 판단을 훨씬 뛰어넘는 권능의 소유자이다.

하나님과 너의 관계에 의거하는 문장에서 주어는 하나님의 평강이다.

하나님의 평강은 '그리스도 예수안에서'

나의 감정과 사고를 일깨워 나를

공포, 근심, 유혹의 지배로 부터 보호한다.

때문에 나는 모든 세상의 근심을 초월하여 기뻐할 수 있다.

저자는 그리스도와의 연합과 죽음과 부활에서

자신의 삶, 활동, 고난을 깊히 성찰한다.

그리하여 자신이 발견한 기쁨에 교구가 참여하도록 권고한다.

기독교인은 어떠한 난관이 닥치더라도 기쁨의 삶을 영위할 수 있다.

"그는 보이지않는 하나님의 형상이시요 모든 피조물보다 먼저 나신 이 시니."

(골 1.15)

골로새서의 문체는 흔히 찬가와 제식의 양식으로 분류된다.

서신전체에서 찬가문체를 구현하는 모형은 그리스도 찬가이다.

골로새서의 그리스도 찬가는(골 1.15-19) 빌립보서의

찬가와(빌 2.6-11) 함께 신약의 그리스도 찬가를 대표하는 범례이다.

그리스도 찬가는 시와 노래로 기독교 신앙고백을 표현하는
텍스트를 말한다. 특히 예수 그리스도를 칭송하는 운문찬가이다.
그리스도 찬가의 중요한 특징은 운율의 시행과 시적 언어와 문체이다.
이와 같은 특성은 골로새서 서두의 그리스도 찬가에 구현된다.

제1장 중반을 형성하는 그리스도 찬가는 다섯 절로 짜여져 있다.
전체의 내용은 모든 것에 뛰어난 창조의 그리스도와(1.15-17)
그리스도와 교회의 관계의(1.18-19) 두 부분으로 구성된다.
두 단계 서술을 통해 그리스도의 존재와 위치가 상승된다.

찬가를 열어주는 두 행은 전체의 중심이다.
"그는 보이지않는 하나님의 형상이시요
모든 피조물보다 먼저 나신 이시니." (골 1.15)
위의 도입절은 그리스도의 존재를 비유적으로 표현한다.

첫행에서 주어 '그'를 규정하는 명사구 '하나님의 형상'은
창세기의 인간창조에 제시된 동형상 개념에 연결된다.
창세기 1장의 창조사역에 의하면 최초의 인간은
하나님의 형상을 따라 창조된다. (창 1.26-1.27)

'형상'에 해당하는 그리스어 명사 'eicon'은 인칭에 관계된다.
즉 '먼저 존재한' 하나님아들의 인물을 지시한다.
'보이지않는 하나님의 형상'은 성육신의 개념에서 이해된다.

그리스도는 로고스 하나님이 인간으로 세상에 온 존재이다.

둘째 행에서 '그'를 지시하는 복합명사 '처음 태어난 자'는(prototokos)
먼저 태어난 자가 아니라 창조의 행위자로 '우위의 존재'를 가리킨다.
여기에는 모든 사물위에 있는 그리스도의 통치권이 강조된다.
두 도입행에는 '육화된' 하나님아들과 그의 최고의 권세가 칭송된다.

이어지는 두 절은 그리스도와 교회의 관계로 넘어간다. (1.18-19)
첫절에 표현된 명사구 '몸의 머리'는 그리스도와
교회의 특별한 관계를 나타내는 용어이다.
몸은 교회를 지시하는 비유어이다.

사람의 몸은 머리가 없으면 기능을 발휘하지 못한다.
그리스도의 존재와 위치를 구가한 찬가는 새로운 송축으로 끝난다.
"아버지께서는 모든 충만으로 예수안에 거하게 하시고." (1.19)
문장의 서술부 '예수안에 거하다'를 규정하는 부사구

'모든 충만으로'는 하나님 아버지와 그리스도의
일치관계, 특히 그리스도에게 주어진 최고의 위치를 지시한다.
그리스어 'pleroma'에 해당하는 충만은 신적 힘의 총체성을 지시한다.
신약성서에 17회 등장하는 명사는 바울의 문맥에서 사용된다.

골로새서의 그리스도 찬가는 빌립보서의 그리스도 찬가에 유추된다.

바울은 자신의 서신에서 두 찬가를 서로 긴밀하게 연결한다.
골로새서의 '하나님 형상'은 빌립보서의 '하나님 본체'와,
'교회의 머리'는 본체의 드높힘'에 대응한다.

빌립보서 찬가의 결구를 장식하는 '하나님의 영광'은
동일한 위치의 골로새서 구절에서 '하나님의 충만'으로 나타난다.
영광과 충만은 그리스도 찬가에서 근본적으로 같은 차원위에 있다.
두 명사는 예수 그리스도를 통해 하나님으로 귀결된다.

"우리 살아남은 자들도 그들과 함께 구름속으로 끌어올려 공중에서 주를 영접하게 하시리니."

(데전 4.17)

데살로니가는 기원전 315년경에 세워진 그리스 제2의 도시이다.
바울은 서기 50년 소아시아에서 마케도니아로 이동하던 중에
이곳에 얼마동안 머물며 이방기독교 교회를 세운다.
그 형태는 30-50명의 인원으로 구성된 소규모 가정교회이다.

데살로니가전서는 북부 갈라디아와 유럽을 포한한
바울의 2차 선교여행 동안에 작성된 바울의 문서이다.
그것은 가장 오래된 바울서신일 뿐만 아니라 최초의 기독교문서이다.
여기에는 그의 기본문서에 다루어진 중심주제가 결여되어 있다.

짧은 분량의 서신은 전해내려온 기본형식을 따르고 있다.
서신의 중심은 교회내부의 특별한 이슈를 다루는
4-5장의 마지막 두 장으로 크게 세 부분으로 구성된다.
제1부는 거룩한 삶을 위한 경고의 장(데전 4.1-12),

제2부는 재림의 복음에서 나오는 주제의 개진(4.13-5.11),
제3부는 교구의 상호공존을 위한 구체적 경고이다(5.12-22).
제4장 전반에서 저자는 독자가
개인적 성화와 순수함으로 고양될 것을 권면한다.

 4장의 후반은 죽은자의 부활을 선언하는
'위로'의 담화이다. (4.13-17). 다섯 절 담화를
마감하는 종결문은 구원받은 자를 위한 최고의 축원이다.
"우리 살아남은 자들도 그들과 함께 구름속으로

끌어올려 공중에서 주를 영접하게 하시리니." (4.17)
장엄한 톤의 문장에서 그리스어 'harpagesometha'에 해당하는
수동동사 '끌어올려'는 '높은 곳으로 끌려들어가'를 의미한다.
구름은 하나님영광의 현존을 나타내는 시각적 상징이다.

유대인은 신비의 신적 현현을 '셰키나'(schechinah) 라고 명명한다.
'거주'를 뜻하는 히브리어 'sekina'에 유래하는 '셰키나'는
랍비문서에서 백성 가운데의 '하나님거주'를 나타낸다.

성서에 직접 사용되지 않는 용어는 출애굽기에 연관성이 발견된다.

출애굽기 25장에서 성소의 건축을 서술하는 단락에 나오는 구문
'내가 그들중에 거할 성소'는 '셰키나'의 암시이다. (출 25.8)
'묵시의 일정표'로 불리는 위의 인용문은 모든 기독교인이
종말의 시점에 '주님'과 연합하리라는 벅찬 희망의 선포이다.

제5장의 종결단락은 교회성도를 향한 강한 권면과 인사말이다.
열일곱절의 복합단락에서 앞의 대부부분은 일반적 경고이며,
나중의 짧은 단락은 서신을 마감하는 인사말이다.
형제, 자매의 호칭으로 시작된 경고단락의 중심은

병행형식으로 주어진 중간의 명령구문이다. (5.16-18)
"항상 기뻐하라. 쉬지말고 기도하라. 범사에 감사하라."
세 절로 분할되어 편성된 다원구조의 명령문에는
기쁨, 기도, 감사의 세요소가 명령의 대상으로 주어진다.

특히 세 번째로 명명된 마지막 항목에 강세가 주어진다.
감사는 변하지않는 기쁨과 중단없는 기도에서 얻어진 산물이다.
우리가 특별한 경우가 아니라 '모든 일'에 감사할 수 있는 것은
언제나 '예수 그리스도 안에' 머무르기 때문이다,

세겹의 명령문에 이어진 진술문은 이와 같은 사실을 보증한다.

"이것이 예수 그리스도 안에서 하나님의 뜻이니라." (5.18)
우리가 '그리스도 안에' 머무르면 하나님의 뜻을 알아차릴 수 있다.
하나님의 뜻을 알아차린 자는 항상 감사의 삶을 살게된다.

'예수 그리스도 안에서' 이루어지는 감사의 은혜는
모든 어려움과 역경을 이겨내도록 만드는 힘이다.
'범사에 감사하는' 삶이 갖는 참된 의미가 여기에 있다.
사도바울은 감사의 삶과 신앙으로 모든 위험을 이겨낸 모형이다.

"나를 위하여 의의 면류관이 예비되었으므로."

(딤후 4.8)

디모데후서는 디모데전서와 디도서와 함께 목회서신으로 분류된다.
바로크 명칭 목회서신은 교회가 아니라 교회에서 목회임무를
수행하는 목자에게(라틴어 명사 'pastor') 보내진 편지를 일컫는다.
따라서 빌레몬서와 같은 개인서신과 구분된다.

세편의 목회서신에는 목회라는 용어가 등장하지
않지만 주로 목회의 과제와 내용이 서술된다.
'하나님 영광'을 뜻하는 그리스어 이름의 디모데는
실라와 함께 바울의 충실한 동역자이다.

디모데후서는 바울이 사랑하는 아들에게 보낸 유언같은 편지이다.
저자의 마지막 문서에 해당하는 서신에는 그의 최후의 삶과 사고가
투영되어 있다. 감옥안에서 자신의 죽음을 예견한 그는
에베소에서 사역하는 디모데에게 편지를 보낸다.

 네장으로 구성된 서신은 수많은 권면으로 가득차있다.
그 중심은 고난이 오더라도 믿음의 싸움을 끝까지 싸우라는 권고이다.
서신의 마지막 장인 제4장의 첫단락은
죽을 때 까지의 충성을 강조하는 부분이다.

저자는 죽음의 시간이 다가옴을 예감하면서
다음과 같이 솔직하게 고백한다. (딤후 4.6)
"내가 벌써 부어지고 나의 떠날 시각이 가까웠도다."
위의 발언에는 일인칭 대명사 주어 '나'가 두 번이나 등장한다.

Luther 성서 개역본에는 서술부 '부어지고'가
'희생을 당하고'로, '떠날 시각'이 '떠나갈 죽음'으로
번역된다. '떠날 시각'에 해당하는 그리스어 단어는
원래 '배의 떠남'을 지시한다.

이어서 바울은 이제까지 자신에게 맡겨진
소명을 충실하게 지켜온 사실을 고백한다. (4.7-8)
"나는 선한 싸움을 싸우고 나의

달려갈 길을 마치고 믿음을 지켰으니
이제 후로는 나를 위하여 의의 면류관이
예비되었으므로 주 곧 의로우신 재판장이
그날에 내게 주실 것이며 내게만 아니라
주의 나타나심을 사모하는 모든 자에게도니라."

비교적 길게 서술된 두 절은 죽음이후에 주어질
은혜의 보상을 표명한 귀중한 고백이다.
선행하는 절에 지적된 명사구 '선한 싸움'은
굳건한 믿음의 보존을 위해 수행된 투쟁이다.

달리기 경주를 지시하는 '달려갈 길'은 사도행전에
거듭하여 사용된 도식적 표현이다. (행 13.25, 20.24)
앞절을 이어받는 둘째 절의 키워드는
나를 위하여 예비된 '의의 면류관'이다.

수사적으로 표현된 2격 명사구는 의를 위한
보상의 면류관, 구체적으로 어려운 상황에도
불구하고 삶과 신앙에서 믿음의 지속성을
증명한 자에게 주어지는 승리의 면류관이다.

승리의 면류관은 의로운 재판장이
'그날에' 내게 베풀어줄 보상의 왕관이다.

그것은 나 한사람 뿐만 아니라 주의 나타남을
사모하는 모든 사람에게 제공되는 은혜의 선물이다.

'선한 싸움'의 성공적 수행에 인한 믿음의 보존으로 쟁취한
의의 면류관은 비단 바울에게만 해당하는 축복은 아니다.
믿음의 길을 걸어가는 우리는 누구나 주어진 경주를 완주하고
마지막 날에 주님으로 부터 오는 의의 면류관을 받을 수 있다,

우리말 찬송가 360장 〈행군 나팔소리에〉는
디모데후서 4장 7절과 이절의 근간이 되는
디모데전서 6장 12절을 기초로 작성된
비교적 빠른 템포의 힘찬 노래이다.

디모데전서의 마지막 장에 해당하는
6장의 12절에는 "믿음의 선한 싸움을 싸우라"고 명령된다.
이 대목이 다음 서신인 디모데후서 4장 7절로 진전된다.
찬송가 360장의 악보에는 디모데후서 6장 12절이 근거로 제시된다.

세 절로 구성된 가사에는 서로다른 첫행 이후
아래의 여섯 행이 후렴을 형성한다.
"선한 싸움 다 싸우고 의의 면류관
의의 면류관 받아 쓰리라.

선한 싸움 다 싸우고 의의 면류관
예루살렘성에서 면류관 받으리.
저 요단강 건너 우리 싸움 마치는 날
의의 면류관 예루살렘성에서."

우리나라 교회예배와 예식행사에서 즐겨 불리워지는
위의 후렴가사는 Waters가 작성한 기독교노래
〈나팔소리 크게 울린다〉의 버전에서 합창후렴을
형성하는 열두 행에서 가져온 것이다.

여기에는 우리말 찬송가에서 약간의 변화와 함께
세차례에 걸쳐 반복되는 구절 '의의 면류관 받아 쓰리라'가
동일한 시행으로 표기된다.
"We shall wear a crown."

Waters의 열두 행 후렴은 병행형식의 세 단위로 구성된다.
동일하게 "전쟁이 끝나면"으로 시작되는 조건문에 이어지는
결과의 진술문은 "우리가 면류관을 쓰리라"이다.
첫째 단락에는 "우리가 면류관을 쓰리라"가 세차례 반복된다.

그러나 두 번째 단락에는 장소의 부사구
'새로운 예루살렘에서'와 '요단강 건너'가 추가된다.
두 장소는 종말의 시점을 지시하는 상징의 구문이다.

마지막 세 번째 단락에는 '새로운 예루살렘'에서만 등장한다.

찬송가 360장의 후렴을 구성하는 여섯 행은
영문원본의 열두 행에서 번역가의
손에 의해 적절하게 조정된 우리말 가사이다.
그것은 원문에 제시된 내용의 언어적 가공이라 할 수 있다.

"믿음은 바라는 것들의 실상이요, 보이지않는 것들의 증거니."

(히 11.1)

우리는 히브리서에서 초기기독교의 중요한 문서를 만난다.
바울이외의 위대한 신학자가 예수님의 삶과 죽음을 증거한다.
이와 같은 사실은 신약성서의 구성에서 독보적 위치에 있다.
독자는 무게있는 후기서신에서 진전된 기독교론을 만난다.

히브리서 저자는 구약의 내용과 초대교회 신앙고백에 관한
포괄적 지식을 소유한 지적 인물이다. 구약은 저자에게
파기할 수 없는 권위를 가진 하나님의 말씀으로 간주된다. 그러나
서신에 기록된 내용은 하나님아들을 통해 계시된 것에서 이해된다.

히브리서에는 고도의 수사문체와 운문의 찬가가 도입된다.
네 절의 서언은 찬가형식의 그리스도 칭송이다. (히 1.1-4).

1장 3절은 '그리스도 찬가'의 전형에 속한다.

"이는 하나님의 영광의 광채시요 그 본체의 형상이시라."

'본체'에 해당하는 그리스어 명사 'morphe'는 영속적 형체를 가리킨다.

'본체'에 이어진 '형상'은 창세기에 언급된 '동형상'을 상기시킨다.

'형상'을 자시하는 그리스어 명사 'eicon'은 인칭에 관계된다.

다시말해 이미 존재한 하나님의 아들에서 이해된다.

서두의 두 절은 옛선지자에게 말씀하신 하나님이

마지막 날에 예수님을 통하여 말씀하셨다고 증언한다.

아울러 자신의 아들을 '만유의 상속자'로 세우고

그를 통해 모든 세계를 지으셨다고 선포한다. (1.1-2)

예수님을 칭송하는 두 시행은 서신전체를 관류하는 표지판이다.

그리스도는 모든 선지자를 뛰어넘는 절대 우선권을 지니며

세상의 모든 것을 물려받은 창조의 중재자이다.

즉 하나님 앞에서 유일한 인간의 대리자이다.

서신전체의 중심은 믿음의 전당으로 불리는 11장이다.

무려 40절에 달하는 방대한 단락은

창조이후의 믿음의 길을 제시한다.

전체단락은 믿음의 본성과(11.1-3)

과거범례의(11.4-40) 두 파트로 나누어진다.

믿음의 조상의 사례를 기술하는 후반부가 훨씬 상세하다.

제1장을 열어주는 도입절은 단락전체의 전제이다. (11.1)

"믿음은 바라는 것들의 실상이요, 보이지않는 것들의 증거니."

위의 진술문은 믿음이 무엇인가를 두가지로 규정한다.

비인칭주어 문장에서 실상은 신뢰, 확신, 증거는 확약, 확언을 뜻한다.

근본적으로 같은 차원위에 있는 두 명사는 믿음을 설명하는 두축이다.

한마디로 믿음은 바라는 것과 보이지않는 것의 확증이다.

병행구조에 의거한 운문형식 문장에서

그리스어 배열은 명사 믿음에 강세를 부여한다.

믿음이 비가시적인 것의 확실한 경험으로 인식될 수 있다는

사실은 믿음의 회의를 제거하는 확고한 소망의 신앙으로 이어진다.

이어지는 기다란 단락은 아브라함에서 모세에 이르는

16명 '선진들'의 행적을 자세하게 기술한다.

하나님으로 부터 약속의 말씀을 받은 그들은 주어진 약속과

동떨어진 삶에 처했음에도 불구하고 굳건한 믿음으로 살아간다.

11장 4절에서 37절에 이르는 34절의 문장은

모두 동일한 부사구 '믿음으로'로 시작된다.

거대한 규모의 병행법은 위대한 조상의 활동에서

믿음이 얼마나 중요한가를 단적으로 보여준다.
특히 전체단락의 중심에 위치한 모세의 행적은
여섯 절에 걸쳐 상세하게 기술된다. (11.24.-29)
마지막 절에는 모세가 바다가 갈라진 마른 땅을 지나 홍해를 건너간
역사적 사건이 지적된다. 이것은 이집트인이 실패한 놀라운 기적이다.

믿음의 가장 큰 승리는 부활을 통한 죽음의 극복이다.
이와 같은 은혜의 보상을 현세의 삶에서 경험하는 사람들도 있다.
다른 사람들은 제어할 수 없는 견고함으로 믿음에 굳게 매달린다.
그들의 보상은 죽음이후의 부활에서 주어진다.

모든 믿음의 영웅이 희망으로 계획한
목표는 아직 완전하게 실현되지 않는다.
하나님의 뜻은 과업의 완성이 아직 살아있는
신도와 함께 이루어지리라 예견하고 있다. (11.39-40)

히브리서에 서술된 믿음의 조상의 행적이 우리에게 주는
의미가 무엇인지는 그리스도 이후의 믿음의 길을
제시하는 다음장 첫절에서 명료하게 밝혀진다. (12.1)
"이러므로 우리에게 구름같이 둘러싼 허다한 증인들이 있으니

모든 무거운 것과 얽매이기 쉬운 죄를 벗어버리고
인내로써 우리앞에 주어진 경주를 하며."

위의 세행에는 구름처럼 많은 옛증인의
행적이 우리에게 던지는 메시지가 두가지로 정리된다.

하나는 우리의 짐과 죄를 벗어버리는 것이고,
다른 하나는 인내로 우리에게 맡겨진 경주를 이행하는 것이다.
우리는 허다한 증인의 사례와 동일한 방식으로
믿음의 선한 싸움을 끝까지 싸워 이겨야 한다.

이어지는 두 절에서 저자는 독자가 외부의 거부와 핍박에
직면하여 절망하지 않고 예수 그리스도의 승리에
굳게 매달릴 것을 강하게 권고한다. (12.2-3)
예수님은 극심한 모욕과 십자가 고통을 이겨내고

하나님 우편의 보좌에 자리를 잡고 앉아있는 심판자이다.
우리는 그의 도움으로 믿음의 길을 걸어갈 수 있다.
예수 그리스도는 우리 믿음의 촉진자이며 완성자이다. (12.2)
우리는 수많은 고통을 극복한 그를 기억하며 용기를 얻는다.

히브리서는 예수 그리스도의 새로운 인식과 체험을 통해
기독교인의 변하지않는 믿음을 촉진하는 격려의 글이다.
이를 위해 믿음의 조상들이 수행한 위대한 행적이 제시된다.
우리는 강한 인내심으로 주어진 경주를 승리로 마감해야 한다.

"오직 영들이 하나님께 속하였나 분별하라."

(요1 4.1)

신약성서에서 적그리스도는 예수 그리스도에 대적하는 자를 가리킨다.
그리스어 'antikhristos'에 연유하는 복합명사는
후기문서, 특히 요한1서에서 중요하게 취급된다.
복수의미를 포함한 적그리스도는 요한1,2서에 네 차례 사용된다.

요한1서에는 적그리스도의 경계가 이미 2장 18-19절에 발견된다.
여기에는 마지막 때에 많은 적그리스도가 활동한다고 지적된다.
4장 2-3절에는 적그리스도의 영이 하나님의 영과 대비되어 서술된다.
"그리스도가 육체로 온것을 시인하는" 영이 하나님의 영이고,

이를 부인하는 영이 적그리스도의 영이다.
육체에 관한 지적은 성육신 개념을 강조한다.
요한복음 서곡에 의하면 예수님은 육체가 되어 세상에 내려온다.
중요한 것은 인간적 인식능력이 아니라 하나님이 계시하는 것이다.

대립되는 두영은 4장 6절에서 '진리의 영'과 '미혹의 영'으로 규정된다.
두 용어는 진정한 그리스도인과 적그리스도를 구분하는 기준이다.
'진리의 영'은 하나님에게 속한 영이고 '미혹의 영'은 세상의 영이다.
하나님안에 거하는 사람은 악의 힘을 능히 물리칠 수 있다.

베드로후서 2장 1절에는 거짓선지자와 거짓교사가 이단으로 명명된다.

거짓이론 혹은 이단의 원어 'hairsesis'는 하나님에 의해 계시된 이론과 반대로 사람이 '임의로 찾아낸 견해'이다.

당시의 교회에는 그와같은 사이비이론이 활개를 친다.

거짓선지자에 대한 경고는 이미 신명기 18장 21-22절에 제시된다.

여기에서 거짓선지자는 '증험과 성취'가 없는 방자한 자로 규정된다.

참된 선지자는 하나님과 인격관계를 맺고있는 하나님의 대언자이다.

적그리스도의 경고가 사도후기의 문서에 거듭하여

등장하는 것은 당시의 교회가 처한 긴박한 상황에 기인한다.

2세기 초에는 영지주의를 비롯한 많은 적그리스도가 출현한다.

유대와 초기기독교에 등장한 이색종파는 개인의 영적 지식을

권위있는 가르침과 정통의 이론보다 높이 평가한다.

영지주의의 어원이 되는 그리스어 명사 'gnosis'는 인식을 뜻한다.

이 명사는 지식을 의미하는 또다른 명사 'eidein'과 구분된다.

'gnosis'에 연관된 그리스어 형용사 'gnostikos'는 '인지적'을 의미한다.

용어의 근원에서 볼 때 영지주의는 철학과 종교의 혼합이라 할 수있다.

특히 종말의 시점에 횡행하는 이단의 존재는

오늘날의 교회가 해결해야할 선결과제이다.

이 시대에는 수많은 이단이 정통교회와 교인을 유혹하고 위협한다.

여기에서 중요한 것은 거짓과 진실을 분명히 가르는 일이다.

요한1서 4장 1절에 강조된 영적 분별력은 그 기준이다.
"오직 영들이 하나님께 속하였나 분별하라." (요1 4.1)
여기에서 동사 분별하다는 철저하게 검증하다를 뜻한다.
영의 분별은 하나님의 근원을 정확하게 판단하는 능력이다.

이와 같은 능력이 결여된 자는 거짓선지자이다.
예언자의 진실성은 예수 그리스도를 향한 자세에서 검증되어야 한다.
다시말해 그리스도가 '육신으로 온' 사실을 믿는가 아닌가이다.
중요한 것은 예수님에 관한 발언이 아니라 인간예수에 관한 고백이다.

영적 분별력은 실제의 경우 타당성을 증명하는 일이 쉽지않다.
여기에서 중요한 것은 하나님의 소속여부를 판가름하는
권위있는 말씀의 동화와 순수한 이행이다.
하나님의 말씀은 영적 분별력을 보증하는 유일의 근거이다.

"하나님은 사랑이다."

(요1 4.8)

요한1서는 신약에서 가장 많이 읽힌 문서의 하나이다.
이것은 서신전체를 관류하는 사랑의 진술에 기인한다.

사랑 혹은 사랑하다는 문서에 무려 40회 이상 등장한다.
제4장의 둘째 단락은 잘 알려진 사랑의 장이다. (요1 4.7-21)

열다섯 절의 복합단락은 의미있는 선언으로 시작된다. (요1 4.8)
"하나님은 사랑이다."
그리스어 문장에서 번역된 라틴어 구문
'Deus caritas est'는 후세에 선호되는 성서구절이다.

함축적 의미의 문장은 하나님 존재에 관한 최고의 인칭은유이다.
하나님의 내면적 본질 자체가 사랑이다.
사랑은 그 스스로 사랑인 하나님안에 뿌리를 두고있다.
하나님은 사랑이기 때문에 우리도 사랑한다.

사랑의 장을 열어주는 고귀한 선언은
종반에 이르러 하나의 결론에 도달한다. (4.16)
"사랑안에 거하는 자는 하나님안에 거하고
하나님도 그의 안에 거하시느니라."

두 부분으로 구성된 시행에는 사랑과 하나님의 일치관계가 강조된다.
세 차례나 사용된 동사 '거하다'는 '내면에 머무르다'를 뜻한다.
자동사 '머무르다'는 요한복음의 포도나무와 가지
비유설교에 의미있게 지적된 사랑의 용어이다. (요 15.5)

다음 절은 사랑의 온전함에 관한 기술이다. (요1 4.17)
완전한 사랑은 우리가 주님처럼 심판날에 '담대함'을 가지는 것이다.
사랑의 주제는 여기에서 종말의 차원으로 넘어간다.
'마지막 시점의 '담대함'은 우리를 향한 하나님의 사랑에 기인한다.

사랑은 요한복음에서 제자들을 향한 고별설교 시리즈의
출발점에서 '새로운 계명'의 대상으로 부상한다.
친밀의 호칭 '작은 자들아'로 시작하는 예수님의 귀한 담화는
두 절의 범위에서 압축적으로 서술된다. (요 3.34-35)

첫째 절은 '새로운 계명'의 지침이다.
"내가 너희를 사랑한 것 같이 너희도 서로 사랑하라."
하나님에 대한 헌신으로서의 사랑의 계명은 이미 알려져있다.
그러나 "너희가 서로 사랑하라"는 새로운 형태의 계명이다.

여기에는 옛 계명과 다른 신선한 충동이 감지된다.
선행의 비교구문 "내가 너희를 사랑한 것 같이"는 이를 뒷받침한다.
예수님을 따르는 후계자에게 이보다 더높은 교시는 없다.
위에 인용한 문장은 요한1서 4장 11절에 유추된다.

"하나님이 이같이 우리를 사랑하였은 즉
우리도 서로 사랑하는 것이 마땅하도다."
위의 두 시행은 원인과 결과의 관계에 있다.

우리의 상호사랑은 우리를 향한 하나님의 사랑에 기인한다.

이어지는 절에는 사랑이 제자의 신분을 증거하는 징표로 규정된다.
"너희가 서로 사랑하면 이로써
모든 사람이 너희가 내 제자인줄 알리라." (요1 4.12)
진정한 제자의 모습은 사랑의 행위에서 알수있다.

요한1서는 주제와 언어에서 요한복음을 상기시킨다.
'사랑의 서신'이라는 명칭은 요한복음의
고별설교를 열어주는 '사랑의 계명'에 병행한다.
아홉절 단락의 도입부에 반복하여 지적된

서술부 '사랑안에 거하다'는(요 15.9,10)
요한일서 4장 16절에 동일하게 사용된다.
하나님의 사랑을 서술하는 4장 후반부는
요한복음 17장 대제사장 기도의 심화이다.

대제사장 기도의 종반에 거듭하여
언명된 '아버지의 사랑'이(요 17,23,26)
요한1서 둘째 단락에 하나님의 사랑으로 구체화된다.
두 문서에는 사랑과 상호사랑이 중심주제로 대두된다.

루터교 작곡가 Rische는 1852년 신약성서의 핵심구절을 기독교노래 〈하나님은 사랑이다〉로(Eg 412) 용해한다.
경쾌한 멜로디의 합창곡에는 하나님의 사랑이 선포된 다.
4행 9연시의 가사에서 성서의 본문은 첫연을 장식한다.

단조로운 박자의 민속노래는 원래 멜란콜리 정감으로
잃어버린 청춘의 아름다움을 노래하는 민요에 속한다.
여기에서 노래의 후렴을 열어주는 시행
"그래서 나는 다시 한번 말한다"가 생성된다.

단순한 가사의 노래는 언어와 형식에서 영적 아동노래에 가깝다.
그럼에도 불구하고 적지않은 어른들이 민요풍 노래에 눈길을 돌린다.
그속에 담긴 영원한 사랑의 능력 때문이다.
아홉 개의 연 전체를 관류하는 후렴은 다음과 같다.

"그래서 나는 다시 한번 말한다.
하나님은 사랑이다!
하나님은 사랑이다.
그는 나도 사랑한다."

"주의 날에 내가 성령에 감동되어 내뒤에서 나는 나팔소리 같은 큰 음성을 들으니."

(계 1.10)

요한계시록 도입부에는 두 개의 위탁환상이 전개된다.

하나는 계시의 수령이며, 다른 하나는 인자의 환상이다.

청각으로 중재된 계시는 시각으로 지각되는 인자환상으로 넘어간다.

제2의 위임환상은 보는자의 영적 지각이 반영된 신비의 산물이다.

첫째 위임환상에서 저자는 먼저 자신의 신분과 과거행적을 명시한다.

이중명칭 '나 요한'은 다른 유대의 묵시문서와 달리 기록자의

신분을 분명하게 밝힌다. 여기에서 문서의 진실성이 보장된다.

요한은 유대기독교의 '방랑의 예언자' 그룹에 속한다

이스라엘 문서에 정통한 그는 소아시아 지역에서

과감하게 복음을 전하다 로마황제의 박해로

대륙에서 멀리 떨어진 이역의 섬으로 추방당한다.

그는 항상 새로운 전도를 위해 소아시아 여러 지역을 돌아다닌다.

이어서 요한은 말씀의 증인인 자신의 행적을 밝힌다.

"하나님의 말씀과 예수를 증언하였음으로

말미암아 밧모라 하는 섬에 있었더니." (계 1.9)

여기에서 동사 '증언하다'는 순교의 죽음이라기 보다

왕성한 선교활동으로 인한 추방을 가리킨다.

요한은 부여된 선교사명을 과감히 수행하다 파트모스섬에 유배당한다.

에게해안에 위치한 외딴 그리스 섬은 보는자 요한이 성령에 감동되어

신약성서의 마지막 책 요한계시록을 기록한 역사적 장소이다.

초월의 계시를 받은 상황을 진술하는 다음 절은 전체의 중심이다.

"주의 날에 내가 성령에 감동되어

내뒤에서 나는 나팔소리 같은 큰 음성을 들으니." (1.10)

'나'를 주어로 삼는 복합문장은 영적 체험에 의한 진실한 고백이다.

계시의 시점인 '주의 날', 즉 '주의 첫날'에는

초대교회에서 성도가 함께 모여 예수그리스도의 부활을 기념한다.

특별한 상황부사구 "성령에 감동되어"는 신약성서에서

초지상 세계를 감지하는 영적 변화의 상태를 지시한다.

요한계시록에는 천상세계로의 진입을 가능하게하는

황홀의 경지로 거듭하여 사용된다. (4.2, 17.3, 21.10)

'탈자아'를 뜻하는 엑스타시는 완전한 영적 자유의 상태이다.

이와 같은 변화상황에서 신비로운 하늘의 소리가 감지된다.

구약의 모티브 '나팔의 울림'은 어떤 중요한 것을 알리는 신호이다.

음성을 수식하는 형용사 '커다란'은 신적 속성에 관계된다.

비교의 수식어 '... 같은'은 지상의 척도로 도달할 수 없는

초자연의 상태를 지시한다. '나팔소리 같은 큰 음성'은

하나님에 의해 이루어지는 종말적 사건의
도래를 예고하는 의미있는 청각적 징표이다.
힘차게 울려온 천상의 음성은 들은자가 '보는 것'을
'두루마리에 써서' 일곱교회에 보내도록 지시한다. (1.11)

"네가 보는 것을 두루마리에 써서 에베소, 서머나, 버가모,
두아디라, 사데, 빌라델비아, 라오디게아 등 일곱교회에 보내라."
일곱교회에 보내질 문서는 '계시의 순회서한'으로
불리는 회보형식 편지이다.

천상에서 내려온 명령은 매우 구체적인 지침이다.
작성된 문서가 수신될 교회의 명칭이 하나하나 거명된다.
소아시아 서부에 위치한 일곱교회는
고대의 도로망에 의해서로 연결되어 있다.

두루마리는 글씨가 쓰여지는 접는 형식의 파피루스나
양피지로 고대에 통용된 전형적 책의 형태이다.
후기고대에는 '코덱스'로(codex) 명명되는 새로운 책의 형태가
개발된다. '코덱스'는 낱장을 묶어서 표지로 싼 책이다.

이미 최초의 위임환상에서 일곱 교구서신의 생성이 준비된다.

일곱 교구서신은 보는 자가 '본것'을 그대로 양피지에 옮긴 편지이다.
따라서 천상의 계시에 의해 기록된 진실한 증언이다.
독자는 다음 2-3장에서 순회서한의 내용을 순서대로 만나게 된다.

"그 얼굴은 해가 힘있게 비치는 것 같더라."
(계 1.16)

제2의 위임환상인 인자의 환상은(계 1.12-16) 4장의 서두에
펼쳐질 보좌환상과 함께 문서초반의 정점을 형성한다.
서로 연관된 두 장면은 앞으로 전개될 환상시리즈의 전주곡이다.
천상의 보좌환상에는 '보좌에 앉은이'의 모습과 주변상황이 묘사된다.

다섯 절 단락의 문장은 3인칭 단수대명사 '그'를 주어로 하는
과거시칭 진술문으로 천상의 그리스도를 눈앞에 연출한다.
부활하여 승천한 그리스도는 하나님의 권능과 영광을
영원히 소유함으로써 산자와 죽은자를 관할하는

심판자이며 구원자가 된다. 이와 같은 그리스도상은
문서전체의 전개를 위한 전제가 된다. 여기에 제시된 개별형상은
일곱 교구서신에서 기록명령의 주체를 서술하기 위해 도입된다.
에베소교회 편지의 서두에는 '오른손에 있는 일곱별을 붙잡고

일곱 금촛대 사이를 거니시는 이'가(2.1),
두아디라 교회에 보낸 편지에는
'그 눈이 불꽃같고 그 발이 빛난 주석과 같은
하나님의 아들이' 소개된다. (2.18)

선행하는 단락에서 천상의 계시를 받은 자는
거대한 천상의 음성을 향해 몸을 돌린다.
그러자 제일먼저 '일곱 금촛대'가 눈에 들어온다.
기록의 명령을 서술하는 다음 단락의

종반에는 일곱촛대가 일곱교회로 해석된다. (1.20)
'일곱 금촛대' 한가운데 '인자같은 이'가 거닐고있다.
예수님을 가리키는 묵시의 명칭 '인자같은 이'는
구약의 다니엘 환상에 근거를 두고있다.

동사 '거닌다'는 교회를 움직이는 예수님의 행위를 지시한다.
교회를 관리하고 통치하는 주체는 예수 그리스도이다.
이것은 교회의 본질과 성격을 이해하는 데 매우 중요하다.
믿는자의 공동체인 교회의 주인은 예수 그리스도이다.

인자의 환상에 관한 묘사는 시각경험과
반성작용의 협연을 보여준다.
보는자에게 계시된 천상의 환상은 정신적

반성에 의해 보다 완전하게 이해된다.

'발에 끌리는 옷'과 '가슴의 금띠'는 다니엘 10장의
세마포옷과 '허리의 순금띠'에 유추된다. (단 10.5)
두 요소는 위엄을 갖춘 대제사장의 예복을 지시한다.
다니엘서 1장 14절에서 좌정한 자를 특징짓는

'흰 머리털'과 '불꽃'은 요한에 의해 그대로 받아들여진다.
'흰 양털 같은' 머리털은 천상의 속성을 나타내는 은유상이다.
보좌마차 바퀴를 지시하는 '불꽃'은 눈으로 옮겨진다.
풀무불에 단련한 '빛난 주석같은 발'은

화덕의 불에 달구어져 작열하는 청동의 발이다.
광석의 정련은 그어떤 악령의 작용에도
더럽혀지지 않는 고귀한 힘을 지시한다.
'인자같은 이'의 음성을 비유하는 '많은 물소리'는

바다물결 소리 같은 굉음의 집단으로
우주를 제어하는 신적 권능의 표징이다.
이모든 시각적, 청각적 형상화는
부활한 승천자의 초지상 특성을 강화한다.

세 부분으로 구성된 종결문에는 두 개의 징표가 등장한다.

하나는 '일곱별'이고 다른 하나는 '좌우에 날선 검'이다.
인자의 오른손에 들려진 '일곱별'은 이어지는
단락의 마지막에서 '교구천사'로 설명된다.

"네가 본것은 내 오른손의
일곱별의 비밀과 또 일곱 금촛대라.
일곱별은 일곱교회의 사자요
일곱촛대는 일곱교회니라." (계 1.20)

복합문장의 전반에서 '내 오른손'은 권능의 손을 의미한다.
후반의 문장에서 사자를 가리키는 천사는
성도와 함께하는 하나님의 종이다.
이것은 지상의 교회가 원래 천상에 소속된다는 사실을 의미한다.

원래 천문학 용어인 일곱별은 여기에서
교회의 사자를 지시하는 비유어로 전이된다.
일곱별은 교회를 중재하는 하나님의 사신이다.
여기에 사용된 은유법은 사물의 신성화이다.

복합문장의 첫문장에 표기된 '일곱별의 비밀'에서
비밀에 해당하는 그리스어 명사 'mysterion'은
전승된 묵시성격을 지시하는 용어이다.
고대의 유대종교에는 신앙공동체 역사에

특별한 천사가 동반한다고 알려져있다.
이와 같은 전승이 묵시의 환상서술에 전용된다.
일곱교회에도 하나님의 사신인 천사가 존재한다.
'일곱별'의 천사는 흔히 생각하 듯 교회의 책임자나

군주적 주교와 같은 높은 지위의 인물이 아니라
교회의 특성을 대언하는 집합적 개성이다. 따라서 그리스도의
예언 메시지를 전달받을 수 있는 적합한 대상이다.
일곱편의 교구서신은 바로 이 '교구천사'를 향하고있다.

입의 좌우에 돌출된 '양날의 칼'은
칼의 양면이 날카롭게 만들어진 칼을 말한다.
다른 비유어와 구분되는 2격명사는 하나님의
말씀으로 죽음과 삶을 결정하는 심판의 도구이다.

승천자의 신체전체를 포괄하는 서술의 정점은 얼굴묘사이다.
"그 얼굴은 해가 힘있게 비치는 것 같더라." (1.16)
수사적 문체로 표현된 간략한 비유문장은 이제까지
전개된 내용의 총화이다. '힘차게 비치는 해'는

사사기 5장의 종반에 의미있게 등장한다. (사 5.31)
"주를 사랑하는 자들은 해가 힘있게 돋음같게 하시옵소서".
위의 시행은 여호와 하나님의 적대자를 저주하고

신봉자를 축복하는 거대한 찬가의 결구이다.

요한계시록의 중간극 예언의 위임에 관한 환상의 서두에는 하늘에서
내려온 강력한 천사의 얼굴이 '해같이 빛난다'고 묘사된다. (계 10.1)
하나님의 영광으로 빛나는 대천사의 얼굴은
밝은 광채를 발하는 그리스도의 얼굴에 유추된다.

승천자의 얼굴묘사는 이와 같은 문맥아래 있다.
그리스도의 용안에서 방사되는 강렬한 광채는
성령의 분출을 지시하는 신적 위용의 표식이다.
그것은 보는자의 시선을 압도하는 시각매체이다.

**"이기는 그에게는 내가 하나님의 낙원에 있는 생명나무의 열매를 주어
먹게하리라."**

(계 2.7)

요한계시록 2-3장에는 앞에 주어진 천상의 기록명령에 따라(계 1.11)
에베소에서 라오디게아에 이르는 일곱 교구서신이 상세하게 기술된다.
발신자는 저자 요한이며 수신자는 소아시아 일곱교회이다.
그리고 계시의 원래 발언자는 승천한 천상의 그리스도이다.

따라서 교구서신의 내용은 근본적으로 주님의 말씀이라 할 수 있다.

구체적 이름이 명명된 일곱교회는 교회와 신도를 모두 가리킨다.
수자 일곱은 전체를 지시하는 완전수이다.
개별서신을 끝맺는 마지막 명령 "귀있는 자는 들을 지어다"는

주어진 내용이 교회전체를 향한 것임을 지시한다.
신약성서의 비유설교에서 중요한 의미를 지니는
격언적 경고는 종말의 차원에서 사용되고 이해된다.
즉 교구서신의 정체성을 지시하는 '묵시의 비유'이다.

전승된 전거에서 취해진 잠언형식 문구는 순회서한의 범위를 넘어
요한계시록 전체를 이해하는 기본전제이다. 발언자의 전언은
올바로 읽고 잘 지킴으로써 그 취지가 실현된다. 계시문서의
표제문에 제시된 '읽는자와 듣는자'의 축원은 여기에 연결된다. (1.3)

네 부분으로 구성된 교구서신의 체제에서 주목할 부분은
마지막 단계에 해당하는 '이기는자'를 위한 위로의 말씀이다.
'이기는자'에게 약속된 영생의 참여는 모든 난관을 극복한
최후의 승리자에게 주어지는 마지막 보상이다.

첫 번째 서신인 에베소교회에 보내는 편지를 마감하는
이기는 자의 경구에는 특별하게 낙원의 모티브가 지적된다.
"이기는 그에게는 내가 하나님의 낙원에 있는
생명나무의 열매를 주어 먹게하리라." (2.7)

위의 시행에는 생명나무가 있는 장소가 '하나님의 낙원'으로 명명된다.

창세기 에덴동산 이야기에 등장하는 낙원은 원래 '하나님의 낙원'이다

화자는 전승된 낙원 모티브를 원래의 문맥에서 서술한다.

생명나무 열매의 제공 역시 창세기 이야기의 내용에 부합한다.

원래 지상의 낙원에 서있던 생명나무는 천상의 세계로 이전된다.

끝까지 하나님의 믿음을 인내로 지킨 자는 종말의 시점에

하나님과 더불어 영원한 생명을 누리게 된다.

이것이 제일 먼저 제시된 이기는 자의 경구의 메시지이다.

문서의 저자가 최초의 교구서신 종결도식에서 생명나무 열매를

종말적 축원의 대상으로 강조한 것은 특별한 의미가 있다.

인식나무 열매와 대조되는 생명나무 열매의 소유는

교구성도가 갈망하는 영원한 생명의 획득을 지시한다.

극심한 핍박가운데 시달리는 기독교신자는

마지막 시점에 주어질 영생의 보상을 기대하며

더할 수 없는 위로와 희망을 얻는다.

이것이 생명나무 열매의 제공이 주는 복음의 의미이다.

일곱 순회서신의 특성을 각인하는 마지막 도식에는

특별히 은유의 수사법이 활발하게 사용된다.

이와 같은 문체구사는 교구서신의 문학성을 고양시킨다.

서신의 수신자는 생생한 지각체험에 의해 발신자 의도에 동화된다.

다음편지인 서머나 교회에 보내는 편지의 종결도식에는
묵시의 비유어 '생명의 관'의 선사가 강조된다. (2.10)
"네가 죽도록 충성하라. 그리하면 내가 생명의 관을 네게 주리라."
복합문장 후반부의 중심어 '생명의 관'은 죽음에 이르기까지

'충성한' 승리자에게 주어지는 최후의 선물이며 영예이다.
새로운 명사구는 고난의 가시면류관에 대조되는 비유상이다.
그리스도를 위해 자신의 생명을 내어준 사람은
마지막 시점에 그에대한 보상으로 영원한 생명을 얻게된다.

두 번째 교구서신의 종결도식은 첫째 서신의 보완적 계승이다.
이기는자에게 주어지는 생명나무 열매는 '죽도록 충성한 자'에게
수여되는 생명의 관으로 이어진다. 두 개의 2격 비유어에 공통된
명사 생명은 구원받은 자의 보상인 영생을 의미한다.

**"거룩하다 거룩하다 거룩하다 주 하나님 곧 전능하신 이여 전에도 계
셨고 이제도 계시고 장차 오실 이시라."**

(계 4.8)

도입부의 위임환상에 이어 두 차례의 보좌환상이 펼쳐진다.

하나의 이중환상으로 편성된 4-5장은 '천상의 서곡'이다.
서로 분리되어 배치된 두 장은 특히 찬가와 송영에 의해
밀접하게 중재된다. 첫째 환상의 찬가는 둘째 환상의 찬가로 이어진다.

이중환상의 첫 환상은 4장 전체를 형성한다. (계 4.1-11)
새로이 시작된 단락의 서두에는 '열려진'
하늘문을 통해 보는자에게 천상세계가 펼쳐진다.
나팔소리 같은 첫 음성이 '이리로 올라오라'고 지시한다. (4.10)

나는 곧 성령에 감동되어 '하나의 보좌'와 '그위에 앉은이'를 보게된다.
하나님의 보좌는 영원한 지속과 최고의 숭고함을 대언한다.
천상세계의 중심에 위치한 '보좌에 앉은이'는 하나님을 가리키는
고유존칭으로 자신의 보좌에 좌정하여 지상의 영역을 제어하는

심판자이며 구원자이다. 이 용어는 문서전체에서 열두번 등장한다.
'보좌에 앉은자'의 모습은 묵시비유 '... 같고'로 표현된다.
그것은 형언할 수 없는 광휘에 둘러싸인 신비의 형태이다.
천상보좌의 배경을 형성하는 무지개는 평화와 구원의 약속이다.

보좌주위의 작은 보좌에 흰색 예복을 입은 24장로가
금관을 쓰고 앉아있다. 흰옷은 하나님의 영광을,
금관은 왕의 통치를 지시한다. 24장로는 창조주
하나님의 존엄을 대언하는 경배자이며 칭송자이다.

보좌 주위에는 24장로와 함께 네 생물이 동반된다.
24장로와 짝을 이루는 보좌의 구성원 네 생물은
하나님의 현존을 증거하고 하나님의 권능을
깨닫게하는 중재자이며 해석자이다.

아울러 하나님에게 경배를 드리는 인격의 존재이다.
여섯 날개를 가진 그들의 내면은 눈으로 가득차 았다.
그들은 밤낮으로 쉬지 않고 외친다.
"거룩하다 거룩하다 거룩하다 주 하나님 곧 전능하신 이여

전에도 계셨고 이제도 계시고 장차 오실 이시라." (4.8)
그들은 보좌에 앉은 자에게 찬양과 영예와 감사를 드린다.
영원한 노래는 하나님을 향한 최고의 경배이다.
성서어 '거룩'은 다른 피조물에 없는 하나님 고유의 속성이다

두 부분으로 구성된 숭고한 찬가는 영원히
살아있는 하나님의 영광과 존귀를 찬양한다.
도식화된 형태의 정적 찬가는 독자에게 이제까지
유보된 전능자 하나님의 존재를 인식하게 한다.

네 생물의 합창과 함께 24장로의 찬양이 주어진다.
거대한 복합합창은 영원히 살아있는 실존자 하나님의 존귀와
권능을 칭송한다. 하나님 창조의 칭송은 피조물 원래의 고백이다.

"만물이 주의 뜻대로 있었고 또 지으심을 받았나이다." (4.11)

문서의 4장 종반을 구성하는 두편의 찬가는 다음장에서
'새로운' 노래인 두 절의 어린양 찬양으로 넘어간다. (5.9-10)
첫절의 시행에는 어린양의 죽음에 의한 구속행위가 칭송된다.
"일찍이 죽임을 당하사 … 사람들을 피로 사서 하나님께 드리시고."

위의 시행에서 중심을 형성하는 서술부 '피로 산다'는
사면금을 지불하고 노예를 주인으로 부터 풀어준다는 뜻이다.
어린양의 죽음에 의한 구속행위는 전인류의 속죄이다.
어린양 찬가는 이중환상의 연쇄찬가를 마감하는 종곡이다.

이사야 예언자의 수호천사 노래의(사 6.3)
세 차례 '거룩'에 연유하는 유대 기도문
'거룩의 성화'는(Keduscha) 후일 기독교예배에 도입된다.
'3원적 거룩'의 송영은(Trishagion) 전통있는 유대 종교의식과

초기기독교 성찬예식에서 중요한 자리를 차지한다.
'승리의 찬가'로 불리는 기독교예식 찬가이다.
서방기독교에는 성찬기도 서곡의 마지막 단어를 장식한다.
라틴어 'sanctus'는 '거룩한', '성스러운'을 뜻하는 과거분사 형용사이다.

표준으로 인정되는 기독교노래 〈Sanctus〉의 가사는 다음과 같다.

"거룩 거룩 거룩 힘과 권능의 주님 하나님

하늘과 땅은 당신의 영광으로 가득차도다.

가장 높은 곳에 호산나

주의 이름으로 오시는 이여 축복받을 지어다.

가장 높은 곳에 호산나."

위의 다섯 행에는 이사야와 요한계시록의

천상환상 이외에 종려주일 복음송 가사가 추가된다.

노래의 표제를 형성하는 상징어 '거룩'은(holy) 세차례,

마태복음 21장 9절을 구성하는 네 행의 마지막 시행

"가장 높은 곳에 호산나"는 두차례에 걸쳐 반복된다.

일부의 앨범에는 다섯 행이 아홉 행으로 확대된다.

이 경우에는 가사의 내용에 약간의 변화가 일어난다

전체가사의 중간에 '호산나'가 네 차례 반복된다.

그리고 마태복음 21장의 둘째 행 "오는자여 축복받을 지어다"가

아홉 행의 구성에서 마지막 세행을 장식한다.

"그 어린양이 나아와서 보좌에 앉으신 이의 오른손에서 두루마리를 취하시니라."

(계 5.7)

이중환상으로 전개된 보좌환상의 둘째 장면은(5.1-14)
어린양에의 권능부여와 어린양의 경배와 찬양으로 구성된다.
후자의 행사는 전자의 행위에 대한 감격의 반응이다.
어린양 찬양은 선행환상의 네생물 노래에 대한 보완적 완성이다.

제5장 서두에서 보는자의 시선은
다시금 보좌에 앉은자로 돌아간다. (계 5.1)
"보좌에 앉으신 이의 오른손에 두루마리가
있으니 안팎으로 썼고 일곱 인으로 봉하였더라."

오른손은 권능과 절대주권을 의미한다.
두루마리 책은 하나님의 말씀이 기록된 책이다.
'안팎으로 쓰다'는 쓰여진 내용의 신뢰성을 보증한다.
'일곱번의 밀봉'은 법적 증서, 특히 중요한 계약서에

일곱번 인장을 찍는 사회적 관례의 수용이다.
'일곱인으로 밀봉한' 두루마리에는 하나님계시의 비밀이 담겨있다.
이책을 펼치는 행위는 바로 하나님의 구원계획을 수행하는 일이다.
그러나 천사가 '누가 봉인을 열기에 합당하냐'고 큰소리로 외친다.

요한이 울음을 터뜨린 것은 두루마리를 열 자가 없기 때문이다.
24장로 가운데 한사람이 '유대지파의 사자 다윗의 뿌리가
이겼으니 두루마리와 그 일곱인을 떼리라'고 위로한다. (계 5.5)
과거형동사 "이겼으니"는 미래에 획득할 최후승리를 포함한다.

'싹의 결실'을 지시하는 비유인칭에는 기름부은자로서의
미래의 메시아에 대한 기대가 나타나있다. 구약과 유대의 전승에서
민족의 통치자로 예언된 메시아 상은 이제 예수 그리스도로 이전된다.
이로써 그리스도의 새로운 역사가 시작된다.

다음 절은 '보좌와 네 생물과 장로들 사이에
어린양이 서있다'고 지적한다. (5.6)
장소의 부사구 '보좌와 네 생물과 장로들 사이'는
어린양의 위치가 좌정한 자의 바로 옆이라는 사실을 가리킨다.

다시말해 하나님과 함께 심판을 수행할 수 있는 자리이다.
심판자로서의 그리스도는 여기에서 이미 감지된다.
어린양은 요한계시록의 그리스도 명칭으로 문서에 28회 등장한다.
특별하게 표현된 서술동사 '죽임을 당한것 같더라'는(5.6,12)

어린양의 도살을 지시하는 비유의 묵시표현이다.
이와 같은 표현방식은 어린양에게 해당되는 고유의 어법이다.
결과적으로 그리스도의 죽음을 통한 피의 속죄를 강조한다.

피의 속죄는 어린양의 성격을 각인하는 기본요소이다.

어린양의 서술에서 주목할 부분은 하나님의 두루마리 수여이다.
"그 어린양이 나아와서 보좌에 앉으신 이의
오른손에서 두루마리를 취하시니라." (5.7)
현재시칭의 복합문장은 어린양의 존재와 행동을 이해하는 열쇠이다.

두루마리를 받는자는 인봉의 개방으로 하나님의 권능을 부여받는다.
이 사실은 이어지는 네 절의 경배찬송에서 증명된다. (5.9-12)
네 생물과 24장로는 '새노래'로 어린양의 존귀를 찬양한다.
'새노래'는 불리는 노래가 전과 다름을 의미한다.

처음의 두 시행은 죽음을 통한 피의 대가로
모든 민족과 나라를 죄에서 해방한 어린양에 대한 칭송이다.
"일찍이 죽임을 당하사 각 족속과 방언과 백성과 나라
가운데서 사람들을 피로 사서 하나님께 드리시고." (5.9)

비유의 서술부 '피로 산다'는 사면금을 지불하고
주인으로 부터 노예를 풀어준다는 뜻이다.
어린양의 죽음에 의한 '구속'의 행위는 전인류의 속죄이다.
이방민족의 구원은 다니엘서 이후 정착된 중요한 묵시의 사고이다.

문서초반에 하나님에 의해 주어진 어린양의 권능은

이후의 중요한 연쇄환상을 인도하는 지표의 역할을 한다.
시온산의 어린양, 어린양의 혼인예식 찬가,
천상의 예루살렘 환상에는 어린양이 주인공으로 등장한다.

"이는 보좌 가운데에 계신 어린양이 그들의 목자가 되사 생명수 샘으로 인도하시고."

(계 7.17)

구원받은 무리의 성화는 일곱봉인 환상의 중간에 삽입된 막간극이다.
144,000명의 인침받은자에 관한 서술에 이어진 후속장면에는
종말의 시점에 하나님 백성에게 주어질 구원의 성취가 약속된다.
이것은 연속해서 진행되는 재앙의 한복판에 주어진 희망의 꽃이다.

아홉절로 구성된 단락의 도입부에는 두 집단에
의한 거룩한 찬양이 제시된다. (계 7.10-13)
하나는 여러 종족으로 구성된 '셀수 없는 거대한 무리'의 칭송이며,
다른 하나는 보좌 주위에 서있는 '모든 천사'의 노래이다.

흰색 복장을 착용하고 종려나무 가지를
손에 들고있는 거대한 무리는 보좌와
어린양 앞에서 큰소리로 외친다. (7.10)
"구원하심이 보좌에 앉으신 우리 하나님과 어린양에게 있도다."

흰옷의 착용은 천상의 소속에 대한 표시이며,
손에 쥐고있는 종려나무 가지는 승리와 헌신을 나타낸다.
두 사물은 거룩한 천상예배에 참석하기 위한 장비이다.
후세의 수용에는 구원받은 자를 지시하는 상징으로 사용된다.

이어서 '모든 천사'가 보좌앞에 엎드려 경배하며 화답한다. (7.12)
"아멘 찬송과 영광과 지혜와 감사와 존귀와 권능과 힘이
우리 하나님께 세세토록 있을지어다 아멘."
위에 제시된 찬가내용은 둘째 보좌환상 후반에

나오는 합동찬양과 근본적으로 일치한다. (5.12)
"죽임을 당하신 어린양은 능력과 부와 지혜와 힘과
존귀와 영광과 찬송을 받으시기에 합당하도다."
'모든 천사'의 축송에는 '우리 하나님'이

죽임을 당한 어린양'으로 표현된다.
칭송의 대상인 일곱 명사의 열거는 두 찬가에 거의 동일하다.
다만 하나님의 영광에 관한 충만의 표시인
일곱 요소의 나열에서 '부'는 '감사'로 대체된다.

칭송과 응답의 관계에 있는 두 찬가는 '송영의 갈채' 도식을 따른다.
앞의 찬가에는 구원이 유일의 보화로 강조된다.
뒤의 찬가에는 일곱 개의 명예로운 보화가 하나님에게 소속된다.

'아멘'에 둘러싸인 나중의 찬가는 앞의 찬가에 대한 계승의 발전이다.

다원적으로 구성된 단락의 정점은 마지막 결구이다.
"이는 보좌 가운데에 계신 어린양이 그들의 목자가 되사
생명수 샘으로 인도하시고 하나님께서 그들의 눈에서
모든 눈물을 씻어주실 것임이라." (7.17)

수려한 수사문체로 서술된 복합시행의 전반에는
어린양 목자가 자신의 양떼를 '생명샘'으로 인도한다.
이것은 선한 목자의 상에 대한 묵시의 전용이다.
'생명의 샘'은 영원한 생명을 공급하는 원천이다.

선한 목자의 노래인 시편 23편 2절에 언급된
'쉴만한 물가'는 황량한 사막에 숨어있는 생명의 원천이다.
햇볕이 쏟아지는 메마른 광야의 양떼에게 물은 생명이다.
여호와 목자는 나를 생명의 물이 있는 푸른 초지로 안내한다.

복합시행의 후반에는 새로운 나라의 주인 하나님이
구원받은 성도의 눈에서 모든 눈물을 닦아준다.
독자의 감동을 자아내는 구원의 삶의 서술은
새하늘과 새땅의 종결환상에 그대로 실현된다. (21.4)

"모든 눈물을 그 눈에서 닦아주시니/ 다시는 사망이 없고/

애통하는 것이나 곡하는 것이나 아픈 것이

다시 있지 아니하리니 / 처음것들이 다 지나갔음이러라."

두 부분으로 구성된 네 행에서 마지막 행에 강조된

철저한 과거청산은 새로운 창조를 지시한다.

연속적으로 진행되는 세 종결환상의 전제는 새로움이다.

마지막 종결환상인 새로운 낙원은 새로움의 완전한 실현이다.

다섯 절 단락은 밤이 없는 '하나님의 비춤'으로 종식된다. (22.5)

"내 입에는 꿀같이 다나 먹은 후에 내 배에서는 쓰게 되더라."

(계 10.10)

요한계시록의 중심부인 10-11장에는 두 개의 중간극이 등장한다.

즉 보는자에의 예언의 위임과 성전측정의 환상이다.

서로 이어진 두 장면에서 보는자는 단순하게

계시를 받는 것이 아니라 상징적 행위로 안내된다.

보는자에의 예언의 위임은 조망의 교체로 시작된다. (계 10.1-11)

보는자는 이제까지와 달리 계시의 사건에 직접 참여한다.

그의 시선은 이미 지상으로 내려와있다.

그에게 보여진 '또다른 강한 천사'는 이곳에만 등장하는 대천사이다.

천사의 모습은 요한에게 하나님의 영광을
방사하는 신적 현현의 형태로 나타난다.
옷과 머리와 얼굴을 대언하는 구름, 무지개,
태양은 각기 영광, 광채, 위광의 표시이다.

장엄한 후광은 천사의 형체를 둘러싸는 기본요소이다.
두 다리를 비유하는 불기둥은 천상의 신령한 능력을 가리킨다.
바다와 육지를 제압하는 힘찬 다리를
타오르는 기둥으로 묘사하는 것은 사물화은유의 절정이다.

천사의 손에 놓인 두루마리는 펼쳐진 '작은 책'이다.
이 축소형명사는 앞의 5장 1절에 제시된 봉인된 두루마리와
동의어지만 내용은 같지 않다. 이것은 역사의 진리와 권능에 대한
상징이라기 보다 예언적 말씀의 영감을 지시한다.

복합단락의 중심에 위치한 두 절은(10.6-7)
종말의 시점에 교구를 향해 주어지는 복음의 메시지이다.
비교적 긴 문장에 사용된 동사 '선포하다'는(10.7)
묵시언어에서 예언의 진술에 관계된다.

그것은 심판과 구원의 양면을 포함하는 종말의 복음이다.
귀중한 복음의 내용은 하나님 비밀의 완성이다.
이것은 하나님이 감추어진 상태에서 나와

예수 그리스도를 통해 자신의 약속을 이행함을 의미한다.

다원적 중간극의 절정은 마지막 네 절의 종결장면이다. (10,8-11)
매우 인상적으로 기술된 장면의 서두에는
이미 계시된 하늘의 음성이 다시 들려온다.
"천사의 손에 펴놓인 두루마리를 가지라." (10,8)

보는자가 천사에게 나아가 작은 두루마리를 달라고 청원하니
천사가 한마디로 '갖다 먹어버리라' 말한다.
그대로 시행한 보는자는 다음과 같이 고백한다. (10,10)
"내입에는 꿀같이 다나 먹은 후에 내 배에서는 쓰게 되더라."

이것은 하나님의 말씀이 들을 당시에는 '달콤하지만'
세계로 나아가 전파될 때에는 고통과 슬픔이 따름으로
쓸개처럼 '쓰다'는 사실을 지적하고 있다.
'쓴것'과 '단것'의 대조는 미각에 의한 신체지각의 양면이다.

'꿀같이 달다'는 비교는 에스겔서 3장 서두의 구절을 상기시킨다.
"내가 먹으니 그것이 내입에서 달기가 꿀 같더라." (겔 3,3)
여기에서 애곡과 재앙의 책을 먹은 자는
'이스라엘 족속에게 고하는' 능력을 갖게된다.

두 병행구절은 말씀을 '삼킨자'의 내면에 일어나는 신체변화,

즉 영적 황홀상태를 나타낸다. 이와 같은 엑스타시 경지는
모든 민족을 향한 예언을 수행하게 만든다. (계 10.11)
"네가 많은 백성과 나라와 방언과 임금에게 다시 예언하여야 하리라."

미래시칭의 문장에 제시된 예언의 위임은
두 차례에 걸친 서두의 기록명령과 차이가 있다.
그것은 단순한 서신의 기록이 아니라 예언능력의 전수이다.
계시의 수령자 요한은 이제 진정한 예언자로 등단한다.

다음 단락인 성전측정 장면에서 요한은
세계역사의 진행에 참여하는 실제의 예언자로 활동한다.
즉 하나님의 성전을 측량할 주체로 나타난다. (11.1)
"하나님의 성전과 제단과 그안에서 경배하는 자들을 측량하되"

보는자에의 예언의 위임을 마감하는 예언의 보증은
'예언의 말씀'인 요한계시록의 정체성을 보증하는 중요한 근거가 된다.
저자 요한이 자신의 문서에서 독자에게 전하는 내용은
천상에서 부여받은 예언능력에 의해 그 의미와 가치가 상승된다.

위에 인용한 미래시제 문장에서 동사
'예언하다'는 아람어 어법으로 수동의 기능을 갖는다.
다시말해 하나님에 의해 위임된 말씀을 발언하는 것이다.
이와 같은 사실은 예언의 진실성과 권위를 보증한다.

요한계시록의 중간에 배치된 두 개의 막간극은
앞으로의 사건전개를 위한 의미있는 예표의 역할을 한다.
일곱째 나팔의 울림과 함께 두 단계의 연쇄재앙은 마감된다.
이어지는 천상의 표적은 새로운 출발을(arche) 지시한다.

"그들은 이땅의 주앞에 서있는 두 감람나무와 촛대니."

(계 11.4)

요한계시록 10장의 첫단락을 구성하는 예언위임의 환상에
이어진 두 번째 중간극은 두증인의 환상이다. (계 11.3-13)
성전측량 환상에 이어진 단락은 '작은 묵시록'으로 불린다.
열한 절 이야기에는 부활의 묵시에 관한 주제가 대두된다.

두 증인의 환상은 새로운 예언자에 관한 짤막한 전기이다.
여기에는 미래의 메시아 그리스도와 그의
교구에 주어질 심한 고난과 영광이 예시된다.
한마디로 묵시예언에 의거한 종말의 복음이라 할 수 있다.

선행하는 환상에서 하나님의 사신이 선언한
귀중한 복음은 다음 환상에서 실현된다.
"하나님이 그의 종 선지자들에게 전하신
복음과 같이 하나님의 그 비밀이 이루어지리라." (10.7)

10장 서두의 복합단락 한가운데 위치한 중간절은
종말의 시점에 교구를 향해 주어지는 복음의 메시지이다.
예언의 수행자에게 유보된 비밀이 해소되어
전달되기 까지 많은 시간이 남아있는 것이 아니다.

하나로 연결된 두 중간극에는 구원의 복음이라는
요한계시록의 기본취지가 나타나있다.
기독교원리로 돌아가는 복음의 재조명은 여러 방향으로
해석되는 요한계시록을 다시 읽는 중심범주이다.

두증인의 비유이야기 해석은 근본적으로 두 개의 기본문제를
중심으로 전개된다. 하나는 두증인의 동일화이고, 다른 하나는
이야기 종반을 형성하는 부활과 승천의 의미이다. 주석사 과정에서
여러 방향으로 시도된 두증인의 정체성은 예언이야기의

기독교이해에 연관된다. 저자 고유의 문체로 기술된 부활과 승천의
기사는 전체이야기를 마무리짓는 의미있는 핵심사건이다.
요한계시록이 후세의 부활절축제에 중요하게 받아들여진 사실을
고려할 때 묵시부활은 기독교역사에서 간과할 수 없는 위치에 있다.

두 증인은 문맥전체에서 성전을 측정한 요한의
예언자 동료로 나타난다. 그들은 하나님으로 부터
예언자 소명을 부여받은 종말의 증인이다. 앞으로 세워질

어린양의 교구에 대한 보증을 약속하는 천상의 대리자이다.

두중인과 그리스도의 연관은 이미 서두의 비유서술에 제시된다.
"그들은 이땅의 주앞에 서있는 두 감람나무와 촛대니." (11.4)
진술문의 중심을 형성하는 '두 감람나무와 촛대'는
문서의 문맥에서 하나님의 백성과 교회를 지시한다.

촛대와 교회의 연관은 이미 도입환상의 모티브에
속하는 일곱촛대의 비유에 제시된다. (1.13)
두 감람나무와 촛대는 스가랴서의 환상장면에
두 그루의 감람나무와 등잔대로 예시된다. (슥 4.3)

두 상징형상은 왕의 통치와 제사장의
정결을 가리키는 비유상이다.
등잔대와 감람나무는 이어지는 단락의
마지막에서 '주앞에 서있는 자',

즉 미래의 메시아 '기름부은자'로 나타난다. (4.14)
서사이야기의 주인공인 두중인은 그리스도와
그의 교회를 지시하는 묵시의 상징으로 귀결된다.
여기에서 두중인에 관한 기독교해석이 드러난다.

두중인의 부활과 승천은 단락 종반에 다루어진다. (계 11.12-13)

복합이야기의 정점을 형성하는 두 절은 동일구조에 의거한다.
첫절의 두 문장에는 소생동작에 따른 사람들의 '거대한 두려움'이,
둘째 절의 병행문에는 승천의 사건에 대한 놀라움이 서술된다.

이와 같은 이중구성을 통해 하나님의 구원계획이 강조된다.
새로운 운명의 변화를 가져온 결정적 전기는
하나님의 직접관여에 의해 이루어진다.
선행하는 절에 의하면 하나님의 '생기'가 죽은자 속으로 들어간다.

그러자 그들은 '발을 딛고 일어선다'. (11.11)
이것은 죽음으로 부터의 소생을 알리는 명확한 동작이다.
하나님의 성령은 두 예언자의 부활을 가져온 원천이다.
여기에서 두증인은 성령의 힘의 상징으로 나타난다.

두 부분으로 구성된 종결문은 두 중인에게
주어진 최후의 승리를 강조한다. (11.13)
거대한 재앙에서 살아남은 자들은
경외감으로 가득차 하나님에게 영광을 돌린다.

두증인의 환상에는 하나님의 성령에 의한
부활과 승천의 사건이 중요한 역할을 한다.
성령의 부활은 부활의 의미를 묵시의 차원에서
활성화하고 보다 높은 수준으로 승화한다.

"그 아이를 하나님 앞과 그 보좌앞으로 올려가더라."

(계 12.5)

여인과 용에 관한 환상은 표적시리즈의 첫 단계이다. (계 12.1-17)

방대한 복합단락에는 두 개의 신화가 서로 용해된다.

하나는 태양의 운행에 근거하는 천상여왕에 관한 문화모티브이고

다른 하나는 신화의 소재가 기독교로 전이된 천사와 용의 전투이다.

전체이야기는 '큰 이적'의 제시로 시작된다.

보는자에게 시현된 새로운 표적은 매우 중요한 사건의 암시이다.

여기에 등장한 주인공은 '해의 옷을 입은 여자'로 표기된다.

이것은 살아있는 하나님의 빛으로 방사되는 천상여왕을 지칭한다.

'발밑에 있는 달'은 새벽이 시작될 때 보여지는 달의 잔상이다.

머리위에 놓여있는 '열두 별 왕관'은

이스라엘 12족장과 열두사도의 행적을 지시한다.

이 모든 외형묘사는 초지상의 존엄과 우주적 힘을 나타낸다.

태양의 여인은 한마디로 하나님백성인 이스라엘

교구와 기독교교구가 결합된 은유상이다.

〈Bamberg 묵시연작화〉의 삽화 〈언약궤, 여인, 용〉은(1010)

이와 같은 여인의 특성을 보여주는 모형이다.

채색지면 위에 제시된 그림이야기는 두 교구의 복합을 구현한다.
이중 원형후광에 둘러싸인 여인이 흰색 초승달을 밟고 서있다.
그녀가 착용한 보라색 복장은 커다란 십자가무늬로 장식되어 있다.
오른쪽 상단 후면에 서있는 교회건물 입구에 언약궤가 놓여있다.

연갈색 언약궤 위에 X자형 십자가가 부착되어 있다.
태양의 여인 배경화를 장식하는 건물은 교회와 성전의 복합형상이다.
이와 같은 구도는 묵시여인에 관한 후세의 해석에서
이루어진 진전된 방향을 이미 보여준다.

초기 카톨릭교회는 고귀한 천상여왕에서
성모 마리아의 모습을 보려한다.
이것은 역사적으로 정착된 마리아 경외의 산물이다.
예수 그리스도의 모친 마리아를 향한 경외는

단순한 예식의 범위를 넘어 다양한 형식의 관습에 구현된다.
태양의 여인에 관한 도상은 자연스럽게 마리아 성화와 결합된다.
전통적으로 형성된 마돈나화의 중요한 유형은
'원죄없는 잉태'의(Immaculata Conceptio) 도상이다.

라틴어로 표기되는 특별한 종교용어는 처녀 마리아가
태어나는 순간부터 원죄에서 자유롭다는 믿음을 지시한다.
원죄개념의 제거를 다룬 주제를 다룬 마리아

도상을 보면 성스러운 여인의 발아래 초승달이 놓여있고,

겉옷 아래로 드러난 맨발은 뱀의 형상을 밟고 있다.
묵시여인의 여운을 보여주는 복합형상에는
성녀 마리아와 태양의 여인이 혼합되어 있다.
전통적 마리아 도상은 신화모티브를 포함한 묵시여인에 연결된다.

Tiepolo의 제단화 유화 〈원죄없는 잉태〉에(1767-69)
제시된 지구, 초승달, 열두별 왕관은 묵시여인의 상징이다.
두손을 옆으로 모은채 하늘위에 서있는 성녀의 머리위에
커다란 성령의 비둘기가 두 날개를 펼치고 떠있다.

그아래 공간에 흰빛깔의 타원형 열두별 왕관이 조성되어 있다.
연한 금색 두건을 덮어쓴 여인의 두발은 커다란
연청색 원형지구를 휘감고있는 용의 뱀의 허리를 밟고 있다.
용의 형상으로 대언된 사탄의 공격을 물리친 태양여인의 메아리이다.

표적이야기에서 여인의 행동은 매우 사실적으로 표현된다.
"아파서 애를 쓰며 부르짖더라." (12.2)
이것은 아기를 분만하는 산모의 비명을 나타낸다.
구약과 유대문서에 전승된 '해산의 고통'은 마가복음에서

종말의 심판이 수행되기 전에 주어지는 '재화'로 설명된다(막 13.17).

"그날에는 아이 밴 자들과 젖먹이는 자들에게 화가 있으리로다."
분만여인의 고통은 마지막 심판의 도래를 알리는 표식이다.
그러나 태양여인에게 주어진 '해산의 고통'은 새로운 시대의 신호이다.

'진통의 여인'의 적대자인 용은 사탄이며 악마이다.
여기에는 하나님의 적대세력을 지칭하는 고유명칭으로 사용된다.
용을 형용하는 '불빛의 색'은 살인자의 색깔인 '피빛'을 가리킨다.
일곱 머리와 열뿔은 악마의 속성을 특징짓는 비유상이다.

첫번째 표적환상의 내용은 분만과 좌정에 집중된다.
앞의 경우에서 이제 태어날 아이는 '철장으로 만국을
다스릴 남자', 다시말해 권능을 소유한 미래의 메시아이다.
뒤의 경우는 매우 특별한 방식으로 표현된다.

"그 아이를 하나님 앞과 그 보좌앞으로 올려가더라." (12.5)
과거시칭 서술문에서 수동동사 '올려지다'는 특별한 의미를 지닌다.
그 의미는 데살로니가전서 4장에 나오는 동사
'끌어 올려지다'와 같은 맥락에 있다. (데전 4.17)

상승의 이동을 지시하는 동사는 지상에 '살아남은 자들'이
구름속으로 승천하는 모습을 가리킨다.
12장 5절의 문장에서 기본동사에 선행하는 장소부사구
'하나님 앞으로'는 '하나님에 의해'를 의미한다.

이것은 성서에 사용되는 '신적 수동'의 화법이다.
새로이 태어난 아이가 하나님에 의해 보좌로 옮겨진 것은
그리스도의 부활과 승천이후의 좌정을 지시하는 중대한 사건이다.
이로써 그리스도는 하나님과 함께 심판자의 역할을 수행한다.

Dürer의 연작판화 <요한계시록>의 제11화
<태양의 여인과 용>은(1498) 태어난 아기가
찬상에 좌정하는 장면에 포커스가 주어진다.
흑백지면의 상단에 두명의 천사가 아기예수가

누워있는 커다란 포대기를 붙잡고 하늘로 운반한다.
두터운 구름무늬 위에 좌정한 하나님이 오른손을 들어 맞이한다.
두명의 수호천사가 좌우에서 호위하고 있다.
열두별 왕관을 쓴 해의 여인이 초승달을 밟고 그 아래 서있다.

일곱머리를 가진 포악한 용의 주둥이에서 독기가 뿜어져 나온다.
하늘에 까지 닿아있는 꾸부구불한 긴 꼬리가 수많은 별을 집어던진다.
아기를 분만한 여인은 용의 위협앞에 경건의 자세를 취하고 있다.
이와 같은 여인상은 '원죄없는 잉태'의 도상에 연결된다.

여인과 용에 관한 도상에서 관찰자의 시선을 집중시키는
부분은 막강한 힘을 발휘하는 용의 위협속에 작은 아기가
천사에 의해 하늘로 올려지는 드라마틱한 장면이다.

여기에는 앞으로 이루어질 기독교교구의 구원이 예시된다.

이와 같은 사실은 미가엘 찬가에 이어진 종반의 두 절에서 확인된다.
용은 멀리 떨어진 황야까지 찾아와 입에서 거대한 물줄기를
내뿜으며 여인을 강물에 떠나보내려 시도한다. (계 12.15-16)
그러나 대지의 입구가 갈라지면서 강물은 그속으로 빨려 들어간다.

여인과 용에 관한 표적환상은 그리스도와 교회의
역사적 출발과 그 목표를 암시하는 의미있는 예표이다.
이것은 앞으로의 줄거리 전개를 예시하는 조감도이다.
적그리스도의 핍박속에 이루어진 메시아 탄생에서 시작하여

시온산의 어린양 환상을 거쳐 이중의 추수장면에 이르는
일연의 사건의 연속은 또 하나의 '작은 묵시록'이다.
새로운 천상표적으로 출발하는 14장은 천사의 복음을 선포하고
추수의 심판을 통해 종말의 공동체를 구원의 희망으로 안내한다.

"하늘과 그 가운데에 거하는 자들은 즐거워하라."

(계 12.12)

여인과 용에 관한 환상의 중간에 삽입된 찬가는
미가엘찬가 라고 불린다. 대천사 미가엘의 전투에 관한

설화를 이어받기 때문이다. 기독교신화로 전승된
미가엘 이야기는 후세의 수용에서 즐겨 다루어진 소재이다.

미가엘에 의한 사탄의 퇴치는 미래의 메시아 승리를 예시한다.
이런 점에서 미가엘의 존재는 심판자 그리스도에 연결된다.
Memling의 세폭제단화 〈최후의 심판〉의 중앙화에는(1466-1473)
적색 겉옷을 걸친 세계심판자 그리스도가 거대한 황금빛 후광을

배경으로 둥근 지구를 밟고 원형 무지개위에 앉아있다. (그림 4)
그의 입가의 좌우에서 기다란 백합꽃과 붉은색 칼이 옆으로 뻗어있다.
흑색 예복을 갖춘 성모 마리아와 사도요한이 좌우에서 기도를 드린다.
다수의 성인들이 심판자의 양옆에 도열해있다.

흑색 하늘공간에 세 명의 천사가 부유하며 기다란 나팔을 연주한다.
곧 집행될 최후심판의 시작을 알리는 천상의 신호이다.
흥미롭게도 화면의 하단에 영혼의 무게를 재는 투사
미가엘이 황금색 갑옷복장으로 출현한다.

두다리를 바닥에 곧게 세운 그는 두손으로
길고 가느다란 흑색 십자가 저울막대를 들고있다.
오른손에 있는 창모양의 막대는 나체로 저울에 누워있는 죄인을
향해있고, 왼손에 이어진 막대의 저울위에는 의인이 기도하고 있다.

두 저울로 죄인과 의인의 영혼의 무게를 재는 심판행위이다.

화면의 좌측에 구원받은 자들이, 우측에 저주받은 무리가 제시된다.

보다 상세한 장면이 좌우의 두 날개에 연출된다.

좌측 날개에는 구원받은 자들이 천상의 예루살렘성을 향해 걸어간다.

커다란 열쇠를 왼손에 쥐고있는 성베드로가 층계위에서 안내한다.

우측 날개에는 저주받은 자들이 지옥불길 앞에서 마구 엉켜있다.

세폭제단화의 중앙화에 집행된 최후심판의 결과인

구원과 저주는 좌우의 양쪽 날개에 대조의 방식으로 묘사된다.

세 절의 범위로 제한된 간결한 천상의 합창은 하늘에서

거행된 거대한 전투의 승리에 대한 절묘한 화답이다. (계 12.10-12)

장엄한 찬가는 하늘의 음성의 울림에서 시작하여

어린양에 의한 마귀의 축출을 거쳐 마귀의 지상진입으로 종식된다.

역동적으로 표현된 찬가에는 칭송의 근원이 되는

세 절의 전투이야기가 선행한다. (12.7-9)

이야기의 마지막에는 '큰용'의 결정적 패배가 선언된다. (12.9)

"그가 땅으로 내쫓기니 그의 사자들도 그와 함께 내쫓기니라."

이야기에 세차례에 걸쳐 사용된 수동동사 '내쫓기다'는

추방당하다와 함께 하나님에 의한 구원의 권세와 통치를 지시한다.

압축된 형식의 찬가는 천상에 거주하는 자를

향한 기쁨의 구가에 대한 명령으로 막이 내린다.

어린양의 속죄의 죽음과 이에 관한 증언의
승리에 이어 '우리 형제'의 헌신적 희생이 송축된다.
"우리 형제들이 어린양의 피와 자기들이
증언하는 말씀으로써 그를 이겼으니." (12.11)

마지막 시행은 찬가전체의 클라이맥스이다.
특별한 명령형 형식의 문장은 승리를 쟁취한
기독교인을 향한 환호에의 초대이다.
"그러므로 하늘과 그 가운데에 거하는 자들은 즐거워하라.

그러나 땅과 바다는 화있을진저." (12.12)
천상과 천상에 속한 자에게는 즐거움과 기쁨의 향유가 선사된다.
반면 지상의 세계에는 무서운 재앙의 도래가 예고된다.
이어지는 후반의 문장은 재화의 근거를 설명하는 부분이다.

"이는 마귀가 자기의 때가 얼마 남지않은 줄을
알므로 크게 분내어 너희에게 내려갔음이라." (12.12)
앞문장과 대조되는 진술문의 주어 마귀는
12장 9절의 지적처럼 붉은 용 사탄을 가리킨다.

미가엘과 천사의 집단에 의한 사탄의 추락은

천상의 정화인 동시에 지상을 향한 공격의 시작이다.
이와 같은 사실은 다음 장에서 구체적으로 증명된다.
길게 서술된 두 짐승환상에는 미래에 세워질

기독교교구에 대한 강한 핍박이 비유형식으로 서술된다. (13.1-18).
요한은 신화이야기에 유래하는 짐승의 은유를
역사의 현실을 묘사하는데 적절하게 활용하고 있다.
짐승은 적그리스도의 위협과 잔악을 나타내는 적합한 모티브이다.

지상으로 쫓겨난 용의 분노는 두 짐승의 행동으로 구체화된다.
마성적 짐승의 연쇄는 삼위일체 형식으로 나타난다.
그것은 도살된 어린 양과 하나님의 구원행위에 대한 역전적 반사이다.
그 배경에는 바다와 육지에 터전을 가진 거대한 혼돈세력이 자리한다.

미가엘찬가는 여인과 용의 환상이야기 전개과정에서
앞으로 실현될 기독교교구의 구원을 예시하는 의미있는 송축이다.
이런 점에서 요한계시록 찬가를 규정하는 찬가의 복음을 대언한다.
찬가의 복음은 일곱편의 천상찬가를 관류하는 기본특성이다.

미가엘전투는 후세의 화가에게 매혹의 소재로 선호된다.
Raffael의 유화 〈사탄을 격파하는 성미가엘〉은(1518)
전승된 신화이야기를 화폭에 담은 르네상스 작품이다. (그림 5)
교황 Leo 10세 의해 위촉된 역사적 유화는

19767년 부터 Paris Louvre 박물관에 소장되어 있다.
비교적 커다란 크기의 유화는(268cmx160cm)
사탄을 퇴치하는 하나님의 승리를 지시하는 상징의미를 지닌다.
사탄을 격파하는 성미가엘의 행동은 하나님의 권능에 의거한다.

강렬한 톤의 채색화면에 어두운 하늘과 멀리 보이는 산풍경을
배경으로 고귀한 얼굴의 젊은 미가엘이 중앙에 출현한다.
화려한 채색무늬로 장식된 거대한 두날개를 휘날리는
무성한 곱슬머리 청년은 허리에 검은색 칼을 차고 있다.

활력이 넘치는 그는 뾰족한 창끝이 달려있는 기다란
황금빛 창을 두손에 잡고 납작하게 엎드린
벌거벗은 상체의 사탄을 향해 내려 찌른다.
왼발을 약간 옆으로 들어올린 그의 오른발은 벌거벗은

사탄의 등을 밟고있다. 상체가 벗겨진 나체의 사탄은 두손으로
바닥을 짚은채 납작한 자세로 엎드리고 있다.
완전하게 파손된 빈약한 그의 두 날개는 풍성한
미가엘의 날개와 뚜렷한 대조를 이룬다.

르네상스 화가가 제시한 기본구도는 현대 조각작품에도 유지된다.
Hamburg 성미가엘 교회 정문입구의 상단중앙에
교회창문을 배경으로 풍성한 장식으로 설치된

독일조각가 Vogel의 청동상 〈사탄과 투쟁하는 대천사

미가엘〉에는⑴⁹⁰⁸ 양날개를 활짝 펼친 대천사가 창과
방패로 무장한 채 똑바로 서있다. 배를 바닥에 대고 마지막으로
힘겹게 저항하는 사탄을 방금 쓸어뜨린 극적 장면이다.
대천사는 승리의 확신으로 왼쪽 발로 사탄의 머리를 짓누르고 있다.

오른손에 잡고있는 기다란 창을 아래로 향해내려 누르며
혹시 일어날 수 있는 회생의 기회를 허용하지 않는다.
승리의 순간에 구현된 미가엘 천사의 태연함과
신뢰감에도 불구하고 단순한 형태의 조각작품에는

위대한 극적 격정성이 나타나있다.
자제된 주인공의 의연함과 장엄한 예술품의 정감은 조화를 형성한다.
모래석으로 제조된 남녀의 인물형상이 받침대 양쪽에서
아이들을 안고 앉아서 가운데에서 벌어진 놀라운 사건을 쳐다본다.

"지금 이후로 주안에서 죽는자들은 복이 있도다."

(계 14.13)

요한계시록 14장을 형성하는 '작은 묵시록'의
중간단락인 세천사의 복음을 마감하는 종결장면에는

천상의 음성에 의한 특별한 말씀이 주어진다.

비교적 길게 서술된 한 절의 결구는 외형상 독립된 문장으로 여겨진다.

그러나 내용상으로 선행하는 절에 대한 보증이다.

즉 인내로 믿음을 지킨 성도들을 위한 위로의 말씀이다.

하늘에서 들려온 소리의 주체는 일반천사와 다른 하나님 사신이다.

그의 음성에는 강력한 힘이 실려있다.

명령동사 '기록하라'는 어떤 중요한 발언을 예시한다.

즉 듣는자가 잊지말고 가슴깊히 새겨야할 삶의 지표이다.

수신자의 주의를 환기시키는 부분은 아래의 선언이다.

"지금 이후로 주안에서 죽는자들은 복이 있도다." (계 14.13)

이것은 문서표제의 축복에(계 1.3) 이어진 두번째 축복이다.

여기에는 앞의 경우와 달리 죽음의 행위가 축복의 대상이 된다.

현재형으로 표기된 복수명사 '죽는자들'은 요한계시록에서

주로 최후심판과 죽음사이에 놓여있는 사람들을 가리킨다.

현재시칭 자동사 '죽는다'는 수동동사 '죽음을 당하다'와 거리가 있다.

상황부사구 '주안에서'는 문서에서 이곳에만 등장한다.

보통 하나님에게 통용되는 '주님'은 여기에서 그리스도와 관계된다.

데살로니가전서 4장 16절과 고린도전서 15장 18절에는

보다 구체적인 문구 "그리스도 안에서 죽는자(잠자는 자)"가 등장한다.
'주안에서'는 그리스도와의 혼연일체를 지시하는 강조의 어구이다.
시간부사 '지금 이후로'는 서술부 '복이 있도다'에 연결된다.
다시말해 마지막 종말의 시점을 예시한다.

이제까지 믿음의 길을 잘 걸어온 사람은
종국적 심판의 시간에 자신의 구원을 확신한다.
간결한 축복론에서 중요한 것은 죽음의 방식이나 삶의 길이가
아니라 그리스도와의 연합에서 이루어지는 죽음의 행위이다.

어린양을 따르는 자에게 주어지는 결단의
죽음은 영원한 생명과 승리를 가져다준다.
축원문 다음에는 성령의 말씀이 삽입된다.
성령은 '예언의 영'(19.10), 즉 계시의 발언자를 대언한다.

긍정의 감탄어 '그러하다'는 아멘처럼 확실한 수긍과 동의를 나타낸다.
이어지는 두 문장은 축원의 근거를 밝힌다. (계 14.13)
"그들이 수고를 그치고 쉬리니
이는 그들의 행한 일이 따름이라 하시더라."

앞의 문장은 죽음의 행위를 통한 증언이
삶의 노고에서 벗어나 안식하게 함을 지적한다.
안식은 하나님이 자신의 백성을 위해 준비한 선물이다. (히 4.9)

뒤의 문장에는 죽는자를 위한 축원의 이유가 제시된다.

함축적 구문은 '행위가 그들을 동반한다'로 고쳐쓸수 있다.
기독교인의 '행위'는 최후심판 시점에 보좌앞에서 스스로 증거된다.
새로운 천상표적의 중간에 주어진 귀한 축원은
죽음의 축복이라는 점에서 일반적 축원과 성격이 다르다.

이것은 종말의 묵시에 부합하는 특별한 축복의 기원이다.
이런 점에서 후세의 수용사에서 심오한 성찰의 대상이 된다.
명성있는 작곡가는 죽음을 축복하는 요한계시록
시행을 자신의 영적 착상에 의하여 멜로디로 이전한다.

가장 유명한 음악세팅은 Schütz의 6악장 모테트(motet)이다.
서양 고전음악에서 모테트는 다양한 양식의 성악곡을 의미한다.
1648년 〈영적 합창음악〉 모음집으로(SWV 391) 발표된 작품이다.
다섯 행 본문은 Luther성서에 의거하여 그대로 노래가사로 이전된다.

독일 작곡가 Brahms는 의미있는 묵시의 축원문을
합창곡 〈독일 진혼곡〉으로(Op.45) 작곡한다.
거대한 스케일의 작품은 8년 동안의 작업을 거쳐 1865년 완성된다.
일곱 악장으로 구성된 합창곡은 작가의 가장 거대한 앙상블 작품이다.

작품의 가사는 전통있는 로마카톨릭 진혼곡과

대조적으로 독일어판 Luther 성서에 의거한다.

따라서 '독일 진혼곡'으로 명명된다.

그러나 그 내용은 죽은자를 위한 일반적 레퀴엠이다.

〈독일 진혼곡〉은 소프라노, 바리톤 솔로,

합창, 오케스트라를 위한 복합작품이다.

일곱 악장으로 구성된 가사에는

구약과 신약의 성서구절이 표제로 주어진다.

일곱 악장의 구성은 정확한 대칭구조에 의거한다.

첫째 악장과 마지막 악장은 가사와 선율에서 대칭을 형성한다.

두 악장의 시행은 축원의 서술부 '복이 있다'에 의해 인도된다.

전체가사의 진행은 '애통의 위로'에서 '죽음의 안식'으로 귀결된다.

제1악장 "애통하는 자는 복이 있으니 위로를 받을 것이라."

제7악장 "죽는자들은 복이 있도다"

제1악장의 표제는 마태의 산상수훈에서 취해진다.

가사전체는 잘 짜여진 한편의 성서시라 할 수 있다

"무너졌도다 무너졌도다 큰성 바벨론이여."

(계 18.2)

요한계시록 18장에는 세편의 애가가 제시된다. (계 18.1-19)
광대한 단락의 서두에는 하나님과 유사한 천사가
바벨론 패망을 예언형식으로 통고한다. (18.1-3)
그가 하늘에서 내려올 때 '땅이 환하여지는 것'은

하나님의 광채로 빛이 방사되는 것을 말한다.
유사한 장면이 에스겔 43장 2절에도 펼쳐진다.
이와 같은 현현의 현상은 앞으로 일어날 일이
하나님의 구원계획에 의한 것임을 나타낸다.

하늘에서 내려온 천사는 강한 음성으로 다음과 같이 외친다.
"무너졌도다 무너졌도다 큰성 바벨론이여." (18.2)
호격주어 '큰성 바벨론'은 로마도시 자체가 아니라
로마의 삶의 방식, 특히 황제문화의 참여를 지시한다.

이미 14장 8절에 등장한 이중의 부르짖음 '무너졌도다'는
종국적 파멸에 대한 확신을 표시하는 예언의 어법이다.
현재완료 동사 '무너졌다'에는 추락하다의 의미가 포함되어 있다.
추락은 천상의 전투에서 패배한 사탄의 추락을 상기시킨다.

이어서 패역한 도시의 실상이 사실적이면서도 조형적으로 묘사된다.
그것은 모든 악령과 가증함으로 가득 찬 마성적 황폐의 본거지이다.
전승의 모티브 '악마의 거처'는 완전한 심판의 터전이다.
하나님이 존재하지 않는 곳에는 악마가 들어와 진을 치기 마련이다.

그리하여 온갖 더러운 짐승과 새가 안주하는 소굴이 된다.
18장 3절에는 '큰 도시'가 멸망하는 이유가
'음행의 진노의 포도주' 때문으로 밝혀진다.
14장과 17장에 이미 지적된 내용의 계승이다. (14.10,17.2)

포도주는 바빌론의 죄악과 분노의 심판을 모두 포함한다.
제국의 왕들과 상인들은 모두 창녀의 유혹에 넘어가 음행을 저지른다.
해외무역에 종사하는 거상의 치부는 사치와 향락에 빠지게한다.
끝없는 재물의 욕망은 인간권력의 우상화에 넘어가게 만든다.

천상의 '다른 음성'에 의한 기다란
발언은 18장 4절에서 20절 까지 이어진다.
매우 인상적으로 기술된 열일곱절의 복합단락은
도시의 멸망에 관한 비탄의 노래가 중심을 이룬다.

전체의 서술은 하나님백성의 적대자를 향한
초기유대의 예언문서를 활용하고 있다.
거대한 악의 세력에 의한 위협은 로마제국의 탄압으로 나타난다.

그러나 상업과 부에 집중된 도시의 서술은

역사적 현실의 범위를 넘어선다.
다시말해 인간을 유혹하는 모든 지상의 권력을 겨냥하고 있다.
구체적 서술에는 사라진 상품의 열거에서 알수 있 듯
지중해 항해와 같은 고유의 지역경험이 반영된다.

전체단락의 중심은 후반부를 구성하는 세편의 애가이다. (18.9-19)
이 부분은 에스겔 27장을 구성하는 〈두로의 애가〉에 비견된다.
〈두로의 애가〉에는 지중해에 면한 항구도시
두로가 비싼 물품을 가득 실은 배에 비교된다.

체계적으로 짜여진 열한 절 단락은 그 시대의
교역장소와 거래상품에 대한 훌륭한 조망을 제공한다.
제3의 애가인 선원의 노래는(18.17-19) 〈두로의 애가〉에
등장하는 '슬픈 노래'에 유추된다. (겔 27.27-34)

찬가와 대조되는 비가는 계시문서의 또다른 유형이다.
도시를 대표하는 세 계층, 즉 왕, 상인, 선원에 의해
불리워지는 애도의 노래는 동일하게 슬픔의 절규,
과거의 회상, 절멸의 공포의 세 부분으로 구성된다.

전체의 진행은 슬픔의 도식 '화있도다'의 반복에서 시작하여

'큰성 바벨론'의 호출을 거쳐 '한시간내의 심판'으로 끝난다.
탄가의 어법 '화있도다'는 전승된 애가의 문체이다.
'한시간내의 심판'은 거대한 성의 몰락이 급격하게 진행됨을 지시한다.

다음 단락에는 바벨론 패망의 양상이 구체적으로 기술된다.
단락의 서두에는 천상의 음성이 성도, 사도,
선지자를 향해 '즐거워하라'고 선포한다. (계 18.20)
이것은 도시의 파손과 멸망에 대한 만족의 표시가

아니라 하나님 의의 성취에 대한 화답이다.
이어서 '힘센 천사'가 '큰 맷돌 같은 돌'을 들어 바다위로 던진다.
이것은 표적으로 수행된 장대한 저주행위이다.
바벨론은 맹렬한 타격에 의해 일시에 추락한다.

직유형식으로 표현된 '큰 맷돌 같은
돌'은 거대한 맷돌의 윗돌을 말한다.
18장 22-23절의 두 절은 부정서술법 '하지 아니하리라'를
통해 멸망한 바벨론의 참상을 사실적으로 기술한다.

바벨론 패망은 요한계시록 종반의 진행에서 중요한 전환을 마련한다.
다음장을 열어주는 승리의 찬양은 바벨론 몰락에 대한 화답이다.
그 이후로는 백마기사의 승리, 그리스도 나라, 최후심판을 거쳐
계시문서를 마감하는 세개의 종결환상이 펼쳐진다.

"어린양의 혼인기약이 이르렀고 그의 아내가 자신을 준비하였으므로"

(계 19.7)

요한계시록에는 모두 일곱개의 천상찬가가 분산하여 등장한다.
이들은 계시문서의 문학적 위상을 높혀주는 근거가 된다.
저자 요한은 전승장르인 찬가의 창작으로 찬가시인의 반열에 오른다.
그의 찬가는 후세의 종교시인에게 하나의 모형으로 받아들여진다.

찬가시리즈의 클라이맥스는 바빌론 패망의 환호를
주제로 삼은 19장 도입부의 승리찬가(19.1-6)
후속부에 해당하는 '어린양의 혼인' 찬송이다. (요 19.6-8)
승리의 찬가는 '거대한 바벨론' 몰락에 대한 천상의 화답이다.

18장의 세 애가에 대응되는 천상찬가는 서로다른
음성에 의한 다섯 편의 노래로 구성된다. 전체의 진행은
어린양의 혼인예식을 칭송하는 마지막 찬가에서 정점에 이른다.
세 절의 찬가는 선행하는 찬가의 영적 승화이다.

환호의 외침 '할렐루야'로 시작되는 짧은 단락은
종말의 시점에 이루어질 구원과 승리의 정감을 구가한다.
그것은 인간과 자연의 소리가 어우러진 장엄한 교향곡이다.
특별한 비유명사구 '어린양의 혼인'은 속죄양의 희생에 의한

구원의 성업과 메시아왕국의 성취에 대한 상징이다.
숭고한 찬가의 첫절에는 일인칭 복수대명사
명령문을 통해 이제까지 사용된 문체의 교체가 일어난다.
두 부분으로 구성된 복합시행의 첫행은 어린양의

혼인잔치로 인한 '즐거움과 기쁨'의 영광을 송축한다. (19.7)
"우리가 즐거워하고 크게 기뻐하며 그에게 영광을 돌리세.
어린양의 혼인기약이 이르렀고 그의 아내가 자신을 준비하였으므로."
이제 구원받은 무리에게 어린양의 혼인예식으로 인한

메시아 기쁨의 시기가 찾아온다.
어린양의 혼인예식은 예수 그리스도와
그의 교구의 영원한 결합을 나타내는 탁월한 은유이다.
신성한 결혼예식의 거행은 예수님과 영속적 공동체를 형성하며

교구성도에게 거룩한 삶을 선사하는 구원시간의 성취이다.
화자는 구원의 시기를 비유하는 결혼모티브를
종말적 구원의 실현을 위한 중요한 근거로 삼고 있다.
첫행의 후반에는 '어린양의 혼인기약' 도래가 선언된다.

'아내'로 표기된 신부는 신랑을 인내로 기다린 신도이다.
이제 그는 그리스도를 맞이하기 위해 자신을 단장한다.
둘째 행에는 결혼과 신부가 특이하게 축제예복 은유로 확대된다.

"그에게 빛나고 깨끗한 세마포 옷을 입도록 허락하셨으니

이 세마포 옷은 성도들의 옳은 행실이로다 하더라." (19.8)
신부에게 허용된 '깨끗하게 빛나는' 세마포옷은
하나님이 예수님에게 부여한 '의'를 지시한다. (마 22.11-12)
여기에는 성도들의 '옳은 행실'로 표현된다.

특별한 비유어 세마포옷에는 저자자신의 관점이 반영되어 있다.
신랑의 선물인 신부예복은 하나님과 화해한 피의 죽음으로 얻어진다.
어린양의 희생의 죽음으로 하나님의 '의'가 선사된다.
축복의 기원인 마지막 셋째 행은 독자를 향하고 있다.

천상의 계시천사가 출현하여 다음과 같이 선언한다. (계 19.9)
"어린양의 혼인잔치에 청함을 받은자들은 복이 있도다 하고
또 내게 말하되 이것은 하나님의 참되신 말씀이라 하기로."
혼인잔치에 부름을 받은자는 신부처럼 모든 교구원이다.

만찬의 초대는 영원한 하나님나라에서 베풀어질 공동향연의 참여이다.
천사의 선언에 선행하는 명령동사 '기록하라'는 신뢰할 만한
통고와 약속으로 보존되어 계속 전달되어야 함을 지시한다.
여기에 주어진 축복은 문서의 네 번째 축원이다.

귀중한 축원의 대상은 혼인예식에 초대된 사람들이다.

그리스도의 오심을 끝까지 인내로 기다린 교구의 성도이다.
그들을 위한 축원은 복음적 계시의 약속이다.
부름받은 자의 축원은 '하나님의 참되신 말씀'으로 표현된다.

의미있는 명사구는 앞에 선언된 축원의 내용을 보증한다.
'참된 말씀'은 시험받고 고난받는 교회가 미래의 소망을 향한
기쁨의 기대에서 믿고 의지해야할 최고의 지침이다.
찬가의 종결행은 말씀의 복음으로 돌아간다.

어린양의 혼인예식 비유로 서술된 마지막 찬가는
종말의 구원에 대한 예표이다. 이어지는 단락에는
백마를 탄 기사의 승리환상이 전개된다. (19.11-16)
승리의 기사는 바벨론을 멸망시킨 어린양 그리스도이다.

**"모든 눈물을 그 눈에서 닦아주시니 다시는 사망이 없고 애통하는 것
이나 곡하는 것이나 아픈 것이 다시 있지 아니하리니."**

(계 21.4)

요한계시록의 세 종결환상은 새하늘과 새땅의 환상으로 시작된다.
여기에서 독자의 시선은 완전히 새로운 지평으로 인도된다.
하나님의 구원계획 목표는 최후의 심판이 아니라
모든 것이 다시 창조되는 새로운 세계의 건설이다.

"보라 내가 만물을 새롭게 하노라." (계 21.5)
여기에서 '나'는 전능한 창조주 하나님이며
'만물'은 하늘과 지상을 포함하는 모든 것이다.
서술부 '새롭게하다'는 과거와 완전히 단절된

새로운 질서의 세계를 창조함을 의미한다.
요한은 세개의 연쇄환상을 통해 새로운 에온의 실현을 증거한다.
히브리어 'olam'에 연원하는 그리스어 명사
'aion'은 새로이 출발하는 시대를 의미한다.

종결환상의 서술방식은 수려한 문체와
숭고한 은유형식에 의거한다.
천상의 예루살렘 환상은 보석과 색채상징으로 구현되며
새로운 낙원의 환상은 전원의 수사언어로 표현된다.

여덟 절 단락은 두 부분으로 나누어진다. (21.1-8)
처음의 두 절에는 '새 하늘과 새땅'의 창조에 이어
'거룩한 성 예루살렘'의 출현이 계시된다.
뒤의 환상은 앞의 장면을 보완하고 심화하는 역할을 한다.

이어지는 여섯 절에는 '보좌의 큰 음성'과 함께(12.3)
구원을 간구한 성도들을 위한 보상의 말씀이 주어진다.
전체의 중심은 하나님이 인간과 '함께한다'는 사실이다.

후반부 서두에는 우리가운데 있는 '하나님의 장막'이 강조된다. (21.3)

첫절은 이제까지와 다른 새로운 환상의 시작을 알린다. (21.1)

그것은 보는자의 시선을 움직이는 중개과정이 없이 바로 일어난다.

"또 내가 새하늘과 새땅을 보니 처음 하늘과 처음 땅이 없어졌고"

새로운 하늘과 땅은 천지창조에서 처럼 '무에서'(ex nihilo) 생성된다.

하늘과 땅을 수식하는 형용사 '새로운'은(kainos)

절대시간이라기 보다 정해진 목표의 도달을 지시한다.

새 하늘과 새땅의 건설은 하나님이 세운 구원계획의 종착역이다.

형용사 '새로운'은 마지막 연쇄환상을 각인하는 공통어이다.

거룩한 성 예루살렘은 하나님의 백성을 위한 새로운 도시이다.

새로운 예루살렘은 여기에서 남편을 위한 신부의 단장으로 비유된다.

어린양의 혼인잔치 찬가에 지적된 '단장한 신부'는(19.7)

여기에서 하나님도시의 중심으로 승화된다.

셋째 절은 에스겔 37장 26-27절의 수용이다. (21.3)

"나는 그들의 하나님이 되고 그들은 내 백성이 되리라."

여기에는 여호와 하나님의 영원한 '화평의 언약'과

하나님과 백성의 일치관계가 선언된다.

하나님의 성소와 처소는 '하나님의 장막'으로 표현된다.

이스라엘 민족의 광야시기를 일깨우는 명사구는

하나님과 인간의 종말적 결합을 지시한다.

거룩한 도시는 새로운 하나님의 공동체이다.

넷째 절은 이사야 25장 8절에 기록된 예언의 실현이다. (21.4)

"모든 눈물을 그 눈에서 닦아주시니 다시는 사망이 없고

애통하는 것이나 곡하는 것이나 아픈 것이 다시 있지 아니하리니."

하나님은 자신의 백성과 함께 '거주하며' 모든 눈물을 닦아준다.

구원받은 무리의 성화에 관한 장면의 마지막을 규정한 구절은(7.17)

하나님 자신의 직접적 치유와 구원행위를 지시한다.

슬픔과 고통의 부재는 새로운 공동체의 특징이다.

인간의 가장 두려운 적인 죽음은 이미 최후의 심판에서 제거된다.

따라서 애통, 통곡, 아픔은 더이상 존재하지 않는다.

인간의 삶을 위협하는 세 요소는 모두 죽음의 숙명에 기인한다.

'처음것이 지나갔다'는 완료문장은 죽음과 고통으로 가득 찬 과거시간
이 완전히 사라졌음을 의미한다. 이것이 새로운 창조의 의미이다.

새로운 창조는 고뇌의 인간에게 위로와 희망을 선사한다.

이것이 난해문서 요한계시록이 전하는 마지막 메시지이다.

새하늘과 새땅의 환상은 독자를 새로운 인식세계로 안내한다.

여기에 생성된 감격은 이어지는 두 연쇄환상에서 더욱 고양된다.

세차례 종결환상의 마지막 두 단계인 천상의 예루살렘과
새로운 낙원은 요한계시록의 정점이며 클라이맥스이다.
두 환상은 새하늘과 새땅의 구체적 실현이다.
독자는 문서의 종결장면에서 영원한 하나님나라로 인도된다.

**"그 성은 해나 달의 비침이 쓸데없으니 이는 하나님의 영광이 비치고
어린양이 등불이 되심이라."**

(계 21.23)

새로운 예루살렘 환상은 새하늘과 새땅의 환상에 이어진
두 번째 종결환상이다. 천상의 예루살렘 환상으로도 불리는
성스러운 환상은 문서전체에서 가장 영향력이 강한 환상에 속한다.
그것은 하나님 구속사의 목표인 종말의 구원의 완성이다.

방대한 분량의 새로운 예루살렘 단락은 크게 두 부분으로 구성된다.
전반의 단락은 하나님도시의 외형에 관한 묘사이며(21.9-17),
후반의 단락은 도시의 내부와 주민의 삶에 관한 서술이다(21.18-27).
종말적 구원의 거처는 계시의 장소인 '크고 높은 산에서'

오로지 '성령에 의해' 영적으로 경험된다.
이제까지 천상의 세계를 향한 시선을 인도한
성령은 여기에서 최고의 계시를 경험하도록 작용한다.

거룩한 도시는 하나님의 거주로 인해 '하나님영광'을 스스로 드러낸다.

 시각작용에 강하게 호소하는 성벽건물의 은유는
전체맥락에서 그 의미를 잘 이해할 수 있다.
모든 개별요소는 서로 연합하여 '맑은 신성'을 반사한다.
이를 위한 기초를 이루는 것은 보석과 색채의 상징이다.

'각색의 보석'이 갖는 청, 적, 황, 녹, 자주색 등의
결합은 다채로운 색채 파노라마를 조성한다.
여기에서 방사되는 현란한 광채는 풍성한 화려함의 인상을 부여한다.
성벽의 골조는 야스피스, 내부의 성은 맑은 유리의 순금으로 되어있다.

야스피스는 하나님 자신을, 순금은 하나님의 영광을 나타낸다.
순수한 황금을 수식하는 형용사 '맑은'은 '투명한',
'꿰뚫어 빛나는'을 뜻한다. 천상의 예루살렘은
투명한 빛을 발하는 순수황금색으로 대언된다.

단락의 종반을 구성하는 네 절은 새로운 도시에 없는것의
지적을 통해 도시의 본질을 명료하게 드러낸다. (21.22-25)
성전, 다른 빛, 닫힌 성문, 파멸의 힘, 이 모든 것의 부재는
무나 결핍의 현상이 아니라 최고의 완성을 지시한다.

성벽의 화려함으로 대언되는 도시의 특성은

현혹의 가상이 아니라 하나님과 어린양에 의한 통치의 고귀함이다.
종말적 구원의 도시에 성전이 필요없는 것은
하나님과 어린양이 직접 주인으로 활동하기 때문이다.

네 절의 중반에서 예루살렘성은 빛과 영광으로 표현된다. (21.23)
"그 성은 해나 달의 비침이 쓸데 없으니 이는
하나님의 영광이 비치고 어린양이 등불이 되심이라."
주변을 환하게 밝히는 '어린양의 등불'은 영광의 빛을 지시한다.

인간에게 중요한 태양과 달의 기능은 이제 종식된다.
그 대신에 하나님의 영광이 빛을 발하고
어린양이 등불이 길을 밝힌다.
빛에 관련된 두 요소는 예루살렘성을 각인하는 매체이다.

20장 24절은 이사야 60장 3-11절에 유추된다.
두 병행구문의 공통분모는 예루살렘의 빛과 영광이다.
이스라엘과 이방민족, 교구와 세계사이의 간극은 사라진다.
모든 민족은 그들 자신의 영광이 아니라

하나님을 위한 봉사를 통해 하나님의 영광을 추구한다.
그들은 더이상 어둠속에 '다니지 아니하고'
하나님의 빛과 진리의 현존에서 살아간다.
빛은 축복의 표시이며, '하나님의 영광'은 영광의 구원을 의미한다.

빛과 영광은 새로운 예루살렘 환상을 묘사한
시각작품의 특징을 각인하는 기본요소이다.
역사적으로 생성된 새로운 예루살렘 도상화를 보면
찬란한 황금빛 성곽이 하나님의 영광을 반사한다.

Ottheinrich 성서에 게재된 Gerung의 묵시연작집 제20화
〈천상의 예루살렘〉에는(1532) 멀리 보이는 낮은 산과
전면의 녹색 언덕 사이에 예루살렘 성곽이 위용을 자랑한다
장대한 규모의 건물집단은 온통 진한 황금빛으로 채색되어 있다.

예루살렘 성곽의 옥상에 네 명의 천사가 가운데 위치한
성에 서있는 붉은 옷의 그리스도에게 경배하고 있다.
천상의 예루살렘에는 하나님과 어린양 그리스도가 주인이다.
구원받은 자는 성곽 중앙의 열린 성문을 통과하여 입장할 수 있다.

"주 예수여 오시옵소서"

(계 22.20)

요한계시록은 에필로그와 축원의 인사말로 마감된다.
이 부분은 계시문서의 줄거리에 속하는 것이 아니라
21장에 걸친 문서를 매듭짓는 종결부이다.
그러나 단순한 후기가 아니라 중요한 의미를 내포하고 있다.

에필로그는 교구를 향한 주님의 말씀이다. (계 22.6-20)
여기에는 부활하여 승천한 예수님이 직접 출현한다.
열다섯 절에 걸친 복합단락에 기술된 내용은
부분적으로 서신이 낭송된 초대교회 예배를 상기시킨다.

에필로그는 재림의 다가옴에 관한 선언과(22.6-15)
문서의 신뢰성에 관한 보증의(22.16-20) 두 부분으로 나누어진다.
후반부의 다섯절을 구성하는 수신자를 위한 경고는 '예언의
말씀'의 올바른 이행이 최고의 요구임을 강조한다. (22.18,19)

22. 18 "내가 이 두루마리의 예언의 말씀을 듣는
모든 사람에게 증언하노니 만일 누구든지 이것들 외에 더하면
하나님이 이 두루마리에 기록된 재앙들을 그에게 더하실 것이요.
22. 19 만일 누구든지 이 두루마리의 예언의 말씀에서

제하여 버리면 하나님이 이 두루마리에 기록된
생명나무와 및 거룩한 성에 참여함을 제하여 버리시리라."
역사의 진실에 관한 그리스도의 계시는 이제 목표에 도달한다.
이것은 쓰여진 문서의 신빙성을 보증하는 증언으로 나타난다.

전반부의 주제인 재림은 둘째 절의 축원에 의해 인도된다. (22.18)
"보라 내가 속히 오리니 이 두루마리의
예언의 말씀을 지키는 자는 복이 있으리라 하더라."

발언자 자신의 선언 "내가 속히 오리니"는 그리스도의 부활이후

하나님의 백성에게 주어진 가장 거대한 기다림의 대상이다.
시간부사 '속히'는 동사 '오다'를 강화하는 역할을 한다.
축복의 근거인 '예언의 말씀'은 이제까지의 모든 예언의 총화이다.
이곳의 축원은 죽는자의 축복이후 주어진 마지막 축복이다.

세계역사의 묵시서술은 예수님의 자기선언으로 귀결된다.
"내가 진실로 속히 오리라." (22.20)
일인칭단수 주어 문장에 주어진 확실한 약속은
적극적 기다림과 순종의 증언을 겨냥하고 있다.

이어지는 호소의 외침은 앞의 선언에 대한 절묘한 화답이다.
"아멘 주 예수여 오시옵소서." (22.20)
이인칭 명령문 앞에 놓인 '아멘'은 두 발언의 긴밀한 연계를 보증한다.
'주님'과 '예수님'의 결합은 문서전체에서 이곳에만 발견된다.

'주님의 오심'에 대한 교구의 간절한 기다림과 확신은
예수 그리스도의 세차례 약속에(22.7,12,20) 기인한다.
묵시의 전승에 연유하는 재림의 임박에 대한
기대는 여기에서 종국적 완성에 도달한다.

"우리 주여 오시옵소서"를 뜻하는 'marana-tah'에는

두 아람어 단어가 하나의 그리스어 복합어로 합성된다.
'marana'는 '우리 주님'을, 'tah'는 '오소서'를 뜻한다.
신성한 도식은 번역되지 않은채 그리스어 사용 교구에 수용된다.

네 개의 음절로 구성된 간결한 기원문에서
밝은 모음 'a'의 연속은 긍정적 기대와 확신을 강화한다.
'marana-tah'는 팔레스티나의 원시교구
예배에 사용되는 기도의 부름이다.

바울은 고린도전서 종결부에서 이 구문을
원어 그대로 기록하고 있다. (고전 16.22)
이것은 그리스어권 기독교인이 기원문 'marana-tah'를
평소의 예배에 자주 사용한 사실을 지시한다.

주님의 오심을 향한 간절한 기대의 표현은
당시의 교회에 널리 파급된 일반현상이다.
이와 같은 시대경향이 저자에 의해
종말의 묵시문맥으로 용해된다.

여기에는 "우리 주여 오시옵소서" 앞에 '아멘'이 선행된다.
고대 그리스어 'amen'의 음역인 '아멘'은 긍정과 동의의 선언이다.
"아멘 주 예수여 오시옵소서"는 묵시문서의
독자를 동일한 체험으로 안내하는 공통의 기원이다.

에필로그를 마감하는 두 절은 통일된 맥락에서 읽혀진다.
둘째 절 인사말은 선행하는 상호담화에 연결되어 있다.
축도의 고별문은 재림대화에 의해 그 의미가 더욱 고양된다.
이런 점에서 서신을 끝맺는 일반적 인사말과 구분된다.

계시의 서신은 마지막 인사말로 끝난다. (22.21)
"주 예수의 은혜가 모든 자들에게 있을지어다."
문학적으로 표현된 한행의 축원은
계시문서의 성격을 바울의 전통과 연결시킨다.

당시의 교구에 잘 알려진 문장도식은 바울서신의 서언과 결어이다.
축원의 대상이 되는 '모든 사람'은
그리스도 안에서 하나님에게 속한 모든 성도이다.
축원의 내용인 은혜의 그리스어 명사 'charis'는

하나님이 스스로의 뜻에 맞아 베푸는 호의를 말한다.
이 기본명사는 로마서 3장의 종반에서 '값없이'
주어지는 속죄의 구원을 위한 근원으로 강조된다. (롬 3.24)
"하나님의 은혜로 값없이 의롭다하심을 얻은자 되었느니라."

은혜는 아무런 조건이 없이 그대로 주어지는 선물이다.
은혜는 요한계시록에서 이곳과 서두의 인사말에만 등장한다. (1.5)
인사말에는 바울서신에서 처럼 평강과 함께 사용된다.

서신의 결어를 구성하는 축원은 수신자에게 특별한 의미를 부여한다.

은혜의 선사는 수신자인 교구의 성도에게 주어져야할 필수요소이다.
그는 계시의 서신을 대하는데 주님의 직접적, 개인적 관여와
호의를 필요로한다. 그 전제아래 신앙의 확신과 증언의
기쁨속에서 그리스도가 다시 올때 까지 감사의 삶을 살게된다.

요한계시록은 종결장면의 주님선언과
이에 대한 교구의 화답에서 마지막 목표에 이른다.
'속히 오리라'와 '오시옵소서'는 종말의 재림에 관한
확신의 기대를 대언하는 묵시문서의 상징구문이다.

선정된 성서구절 목록

사도행전

1. 오직 성령이 너희에게 임하시면 너희가 권능을 받고 예루살렘과 온 유대와 사마리아와 땅끝까지 이르러 내 증인이 되리라. (행 1.8)

2. 너희가 십자가에 못박은 이 예수를 하나님이 주와 그리스도가 되게 하셨느니라. (행 2.36)

3. 보라 하늘이 열리고 인자가 하나님 우편에 서신 것을 보노라. (행 7.56)

4. 주의 영이 빌립을 이끌어 간지라. (행 8.39)

5. 사울아 사울아 어찌하여 나를 박해하느냐. (행 9.4)

6. 베드로가 이말을 할때에 성령이 모든 사람에게 내려오니. (행 10.44)

7. 제자들이 안디옥에서 비로소 그리스도인이라 일컬음을 받게 되었더라. (행 11.26)

8. 급히 일어나라 하니 쇠사슬이 그손에서 벗겨지더라. (행 12.7)

9. 두려워하지 말며 침묵하지 말고 말하라. (행 18.9)

10. 나의 생명조차 조금도 귀한 것으로 여기지 아니 하노라. (행 20.24)

11. 오늘 내말을 듣는 모든 사람도 다 이렇게 결박된 것 외에는 나와

같이 되기를 하나님께 원하나이다. (행 26.29)

12. 하나님의 나라를 전파하며 주예수 그리스도에 관한 모든 것을 담대하게 거침없이 가르치더라. (행 28.31)

바울서신

13. 복음에는 하나님의 의가 나타나서 믿음으로 믿음에 이르게 하나니 기록된바 오직 의인은 믿음으로 말미암아 살리라함과 같으니라. (롬 1.17).

14. 아담은 오실자의 모형이라. (롬 5.14)

15. 오호라 나는 곤고한 사람이로다. 이 사망의 몸에서 누가 나를 건져 내랴. (롬 7.24)

16. 그러므로 이제 예수 그리스도 안에 있는 자에게는 결코 정죄함이 없나니. (롬 8.1)

17. 다른 어떤 피조물이라도 우리를 우리 주 그리스도 예수안에 있는 하나님의 사랑에서 끊을수 없으리라. (롬 8.39).

18. 오직 은밀한 가운데 있는 하나님의 지혜를 말하는 것으로서 곧 감추어졌던 것인데. (고전 2.7)

19. 몸은 하나인데 많은 지체가 있고 몸의 지체가 많으나 한몸임과 같이 그리스도도 그러하니라. (고전 12.12)

20. 그런즉 믿음, 소망, 사랑, 이 세가지는 항상 있을 것인데 그중의 제일은 사랑이라. (고전 13.13)

21. 육의 몸으로 심고 신령한 몸으로 다시 살아나나니. (고전 15.44)

22. 땅에 있는 우리의 장막집이 무너지면 하늘에 있는 영원한 집이 우리에게 있는 줄 아느니라. (고후 5.1)

23. 그런즉 누구든지 그리스도 안에 있으면 새로운 피조물이라. 이전 것은 지나갔으니 보라 새것이 되었도다. (고후 5.17)

24. 이는 내가 약한 그때에 강함이라. (고후 12.10)

25. 우리는 여종의 자녀가 아니요, 자유있는 여자의 자녀이라. (갈 4.31)

26. 내가 내몸에 예수의 흔적을 지니고 있노라. (갈 6.17)

27. 잠자는 자여 깨어서 죽은자들 가운데서 일어나라. 그리스도께서 너에게 비추이시리라. (엡 5.14)

28. 모든 것 위에 믿음의 방패를 가지고. (엡 6.16)

29. 주안에서 항상 기뻐하라. 내가 다시 말하노니 기뻐하라. (빌 4.4)

30. 그는 보이지않는 하나님의 형상이시요 모든 피조물보다 먼저 나신 이시니. (골 1.15)

31. 우리 살아남은 자들도 그들과 함께 구름속으로 끌어올려 공중에서 주를 영접하게 하시리니. (데전 4.17)

기타문서

32. 그러므로 우리에게 큰 대제사장이 계시니 승천하신 이 곧 하나님의 아들 예수시라. (히 4.14)

33. 믿음은 바라는 것들의 실상이요, 보이지않는 것들의 증거니. (히 11.1)

34. 오직 영들이 하나님께 속하였나 분별하라. (요1 4.1)

35. 하나님은 사랑이다. (요1 4.8)

요한계시록

36. 주의 날에 내가 성령에 감동되어 내뒤에서 나는 나팔소리 같은 큰 음성을 들으니. (계 1.10)

37. 그 얼굴은 해가 힘있게 비치는 것 같더라. (계 1.16)

38. 이기는 그에게는 내가 하나님의 낙원에 있는 생명나무의 열매를 주어 먹게하리라. (계 2.7)

39. 거룩하다 거룩하다 거룩하다 주 하나님 곧 전능하신 이여 전에도 계셨고 이제도 계시고 장차 오실 이시라.“ (계 4.8)

40. 그 어린양이 나아와서 보좌에 앉으신 이의 오른손에서 두루마리를 취하시니라. (계 5.7)

41. 이는 보좌 가운데에 계신 어린양이 그들의 목자가 되사 생명수 샘으로 인도하시고. (계 7.17)

42. 내입에는 꿀같이 다나 먹은 후에 내 배에서는 쓰게 되더라. (계 10.10)

43. 그들은 이땅의 주앞에 서있는 두 감람나무와 촛대니. (계 11.4)

44. 그 아이를 하나님 앞과 그 보좌앞으로 올려가더라. (계 12.5)

45. 하늘과 그 가운데에 거하는 자들은 즐거워하라. (계 12.12)

46. 지금 이후로 주안에서 죽는자들은 복이 있도다. (계 14.13)

47. 무너졌도다 무너졌도다 큰성 바벨론이여. (계 18.2)

48. 어린양의 혼인기약이 이르렀고 그의 아내가 자신을 준비하였으므로. (계 19.7)

49 모든 눈물을 그 눈에서 닦아주시니 다시는 사망이 없고 애통하는 것이나 곡하는 것이나 아픈 것이 다시 있지 아니하리니. (계 21.4)

50. 그 성은 해나 달의 비침이 쓸데없으니 이는 하나님의 영광이 비치고 어린양이 등불이 되심이라. (계 21.23)

51. 주 예수여 오시옵소서. (계 22.20)

사용된 그림, 노래목록

Mantegna 〈그리스도 승천〉, 1461, 템페라, 86x42.5cm,

피렌체 Uffizi 미술관

Rembrandt 〈그리스도 승천〉, 1636, 유화, Alte Pinakotek München

      92.7x68.3cm (그림 1)

Aelst 〈성자 바울의 죽음〉, 1550-1563, 태피스트리 연작화, Bayern 국

      립박물관

Bach 〈나는 곤고한 자〉(Vol.151, BWV 48), 교회칸타타

Rische 〈하나님은 사랑이다〉(EG 412), 1840, 서정시 비디오

Tintoretto 〈돌에 맞아 죽는 성스데반〉, 1594, 제단화 유화, 32.5x

      44.8cm, 이탈리아 베니스 Magiore 교회 (그림 2)

Waters 〈나팔소리 크게 울린다〉, 1905, Towner 작곡

우리말 찬송가 360장 〈행군나팔 소리에〉

Dürer 〈태양옷을 입은 여인〉, 1498, 흑백판화, 〈요한계시록 연작집〉

Cortona 〈사울의 눈을 뜨게하는 아나니아〉, 1631. 유화, 128x102cm,

      로마 Santa Maria 교회 (그림 3)

〈Sanctus〉 〈holy holy holy〉(거룩 거룩 거룩) 기독교노래

Memling 〈최후의 심판〉, 1466-1473, 세폭제단화 중앙화 (그림 4)

Raffael 〈사탄을 격파하는 성미가엘〉, 1518, 유화, Louvre 박물관

268x160cm (그림 5)

Vogel 〈사탄과 투쟁하는 대천사 미가엘〉, 1908, 청동상

Brahms 〈독일 진혼곡〉(Op.45), '죽는자는 복이 있다', 1865

Ottheinrich 성서 〈천상의 예루살렘〉, 1530-32, 묵시연작화 제20화

용어색인

그리스도 승천 Ascensio Domini

선포, 선언 kerygma

증거하다 symbibazo

기독교인 Christianos

능력 dynamis

하나님의 의 dikaiosyne theou

예형론 typology, Typologie

예형, 전형 typos

육신 sarx

영, 성령 pneuma

새로운 kainos, neos

마음 nus

비밀, 신비 mysterion

그리스도의 몸 corpus christi

새로운 창조 creatio nova

에온, 새시대 aion

그리스도 안에 en Christus

본보기, 표본 typikos

혼적 stigma

처음 태어난 자 prototokos

충만 pleroma

끌어올려 harpagesometha

세키나 schechinah

목자 pastor

본체, 영속적 형체 morphe

형상 eicon

적그리스도 antikhristos

이단, 거짓이론 hairsesis

인식, 인지 gnosis

지식 eidein

인지적 gnostikos

하나님은 사랑이다 Deus caritas est

계시 apokalypsis, revelatio

거룩의 성화 Keduscha

3원적 거룩 Trishagion

거룩한, 성스러운 sanctus

원죄없는 잉태 Immaculata Conceptio

무에서 ex nihilo

마라나타, 우리 주여 오시옵소서 marana-tah

아멘 amen

은혜 charis

나의 영혼을 움직인 영감의 성서구절 2권

초판 1쇄 발행 2025년 8월 27일

지은이 고위공
펴낸이 민상기
편집장 이숙희
편집자 민경훈

펴낸곳 도서출판 드림북
인쇄소 예림인쇄 **제책** 예림바운딩
총판 하늘유통

·**등록번호** 제 65 호 **등록일자** 2002. 11. 25.
·경기도 양주시 광적면 부흥로 847 경기벤처센터 220호
·Tel (031)829-7722, Fax(031)829-7723

드림북 도서안내

• 세계사를 바꾼 선교 이야기
2023년 세종도서 교양부문 선정도서
이수환 지음 | 152×225 | 값 16,000원

• 자녀와 함께 그림으로 읽는 웨스트민스터 소요리문답
2023년 한국기독교출판문화상 우수상 수상도서
웨스트민스터 소요리문답을 알고 싶은 그리스도인들에게
사시코 네자무트디노프 지음 | 188×256 | 값 16,000원

• 포스트 팬데믹 시대, 목회와 선교
2022년 한국기독교출판문화상 우수상 수상도서
이수환 민경배 지음 | 152×225 | 값 13,000원

• 인간, 신이 만든 수수께끼 (상)
2021년 한국기독교출판문화상 우수상 수상도서
고시영 지음 | 152×225 | 값 23,000원

• 성서와 시
성서를 시처럼, 시를 성서처럼
고위공 지음 | 150×214 | 값 13,000원

• 예수님, 오늘 어디에 계십니까?
경청을 위한 30편의 기도묵상
위르겐 베르트 저/고위공 역 | 128×188 | 값 7,000원

• 낙원의 표상에서 하나님나라의 복음으로
오늘의 시대에 주어진 종말의 메시지
고위공 지음 | 150×214 | 값 20,000원

• 고난의 시기에 다시 읽는 요한계시록
묵시예술의 해석이 주는 구원의 메시지
고위공 지음 | 150×214 | 값 14,000원

• 그림으로 성서를 읽다
형상이야기를 통한 성서의 해석
고위공 지음 | 150×214 | 값 14,000원

• 영성의 12계단
하나님의 통치를 받는 삶의 여정 영성에 대한 개론서
송인설 지음 | 145×205 | 값 12,000원

• 큐티 스쿨
규티를 위한 안내서
윤상덕 지음 | 143×205 | 값 9,000원

• 대환란 소설 표
심약한 사람은 읽지 마십시요!
송명희 지음 | 4×6 양장판 | 값 9,900원

• 공평하신 하나님
하늘의 시인 송명희의 대표시 모음집
송명희 지음 | 4×6 | 값 9,000원

나의 영혼을 움직인
영감의 성서구절

요한계시록은 종결장면의 주님선언과

이에 대한 교구의 화답에서 마지막 목표에 이른다.

'속히 오리라'와 '오시옵소서'는 종말의 재림에 관한

확신의 기대를 대언하는 묵시문서의 상징구문이다.

정가 13,000원

979-11-993807-2-1(03230)